U0580637

xin dazhong zhexue

新大众哲学·3·辩证法篇

照辩证法办事

王伟光 主编

人民出版社

中国社会科学出版社

责任编辑：任 哲 仲 欣
封面设计：石笑梦
版式设计：汪 莹

图书在版编目（CIP）数据

照辩证法办事／王伟光 主编．
－北京：人民出版社：中国社会科学出版社，2014.9（2021.11 重印）
（新大众哲学）

ISBN 978－7－01－013842－8

I.①照⋯ II.① 王⋯ III.①辩证法－通俗读物 IV.① B015-49

中国版本图书馆 CIP 数据核字（2014）第 191614 号

照辩证法办事
ZHAO BIANZHENGFA BAN SHI

王伟光 主编

人民出版社 中国社会科学出版社 出版发行

北京汇林印务有限公司印刷 新华书店经销

2014 年 9 月第 1 版 2021 年 11 月北京第 9 次印刷
开本：880 毫米 × 1230 毫米 1/32 印张：9.875
字数：170 千字

ISBN 978－7－01－013842－8 定价：24.00 元

邮购地址 100706 北京市东城区隆福寺街 99 号
人民东方图书销售中心 电话（010）65250042 65289539

版权所有·侵权必究
凡购买本社图书，如有印制质量问题，我社负责调换。
服务电话：（010）65250042

目 录

新大众哲学

前言

20世纪30年代，著名马克思主义哲学家艾思奇（1910—1966年）写过一部脍炙人口的《大众哲学》（最初书名为《哲学讲话》）。该书紧扣时代脉搏，密切联系中国实际，将马克思主义哲学的基本道理以生动活泼的形式，深入浅出的笔法，贴近大众的语言，通俗而生动地表达出来了。《大众哲学》像一盏明灯，启蒙了成千上万的人们走上中国共产党领导的革命道路。

光阴如梭，《大众哲学》问世迄今已逾八十年。八十年在人类历史上只是短暂的一瞬，但生活在这个时代的人们却经历着沧桑巨变！人们能够真切地感受到，科学技术发展一日千里，全球化、信息化浪潮汹涌澎湃，工人阶级和社会主义运动势不可当，当代资本主义内在矛盾激化演变，中国特色社会主义实践日新月异，人们的生活"每天都是新的"。历史时代和社会实践的显著变化，呼唤新的哲学思考。以当年"大众哲学"的方式对现实作出世界观方法论的解答，写出适应时代的"新大众哲学"，既是艾思奇生前未竟的夙愿，更是实践的新需要、人民的新期待、党和国家的新要求。

今天编写《新大众哲学》，要力图准确判断和反映时代的新变化，进行新的哲学的分析。纵观人类历史发展的总体进程，我们的时代是资本主义逐步走向灭亡、社会主义逐步走向胜利的历史时代。尽管马克思主义经典作家早就敲响了资本主义的丧钟，但旧制度的寿终正寝却是一个漫长的历史过程。试看当今世界，通过工人阶级和劳动大众的持续抗争，资本主义不再那么明火执仗、赤裸裸地掠夺，而是进行生产关系与上层建筑体制的局部调整，运用"巧实力"或金融手段实施统治。资本主义不仅没有马上"死亡"，反而表现出一定的活力，然而其不可克服的内在矛盾导致的衰退趋势却是不可逆转的；苏东剧变之后，尽管国际共产主义运动陷入低潮，但社会主义中国则以改革开放为主旋律蓬勃兴起，中国特色社会主义的成功开拓，推动共产主义运动始出低谷。资本主义与社会主义的竞争、较量、博弈正以一种新的形式全面展开。时代的阶段主题由"战争与革命"转向"和平与发展"，但马克思主义经典作家所揭示的整个时代的基本矛盾并没有改变，人类历史的新的社会形态终将代替旧的社会形态的历史总趋势并没有改变，引领时代潮流的时代精神——马克思主义世界观方法论并没有过时。马克思主义哲学是社会实践的理性概括。作为科学社会主义理论基础的马克思主义哲学，需要重新审视资本主义和社会主义及其关系，给大众提供认识社会历史进程和人类前途命运的新视野。《新大众哲学》要准确把握时代变化的实质，引领大众进行新的哲学认知。

编写《新大众哲学》，要力图科学思考和回答科技创新和生产力发展的新问题，赋予新的哲学的概括。科学技术已经成为"第一生产力"，全面、深刻地塑造着整个世界。全球化、信息化、市场化，高新科技的发展和应用，令世界的面貌日新月异。现代资本主义几十年所创造的生产力，远远超过了资本主义几百年、甚至人类社会成千上万年生产力的总和。社会主义中国在与资本主义的竞争中，正在实现赶超式发展。尽管马克思曾经提出"科学技术是生产力""世界历史理论"等一系列重要思想，但当今的科技创新和生产力发展，包括全球化、信息化、市场化对经济、政治、文化、社会的全方位渗透影响，仍然提出大量有待回答的哲学之间。马克思主义哲学是人类社会生产实践和科学研究实践的思想结晶，需要对社会生产实践和科学发展实践提出的问题给予哲学的新解答。《新大众哲学》要科学总结高新技术和生产力发展提出的新问题，提供从总体上把握问题、解决问题的哲学智慧，进行新的哲学解读。

编写《新大众哲学》，要力图深刻总结中国特色社会主义伟大实践中涌现出的新经验，作出新的哲学的概括。中国特色社会主义是当代中国共产党人从事的一项"全新的事业"。改革已经引起了中国社会的深刻变革、社会结构的深刻变动、利益关系和思想观念的深刻变化，一方面推进了经济社会的飞跃发展，另一方面又带来了新的社会矛盾。马克思主义哲学理应正视人民大众利益需求的重大变化，探索满足人民日益增长的物质和文化需要的有效途径，研究妥善处理复杂的利益矛盾、建设富强民主文明和谐的社会主义现代化国家的正确道路。《新大众哲学》在回答重大现实问题的过程中，要对中国道路、中国模式、中国奇迹、中国特色社会主义新鲜经验予以世界观方法论层面的哲学阐释。

编写《新大众哲学》，还要力图回应当代国内外流行的各种哲学社会思潮，给予新的哲学的评判。哲学的发展离不开现成的思想成果，马克思主义哲学是在批判地继承人类一切优秀成果的基础上发展起来的，是在批判非马克思主义、反马克思主义思潮的思想交锋中发展起来的。人们在错综复杂的社会思潮冲击下，常常感到迷惘、困惑，辨不清是非，找不到理想的追求和前行的方向。在这场"思想的盛宴"中，如何"尊重差异，包容多样"，让一切有益于中国特色社会主义建设的思想文化充分涌流；同时，批判错误的哲学思潮，弘扬正确的哲学观，凝聚社会共识，让主流意识形态占领阵地，是马克思主义哲学不容回避的历史任务。《新大众哲学》要在批判一切错误思想、吸取先进思想文明的基础上，担当起升华、创新马克思主义哲学的历史使命。

时代和时代性问题的变化，现实实践斗争的发展，既为马克思主义哲学提供了新的源泉，又不断地对其本身的发展提出急迫的需求。对于急剧变化和诸多问题，马克思主义哲学经典作家没有亲身面对过，更没有专门深入阐述过。任何思想家都不可能超越他们生活的时代，宣布超时代的结论。列宁说："我们并不苛求马克思或马克思主义者知道走向社会主义的道路上的一切具体情况。这是痴想。我们只知道这条道路的方向，我们只知道引导走这条道路的是什么样的阶级力量；至于在实践中具体如何走，那只能在千百万人开始行动以后由千百万人的经验来表明。"[1] 但历史并不会因为理论的发展、理论的待建而停下自己的脚步。现实对马克思主义哲学创新充满期待，人们期待得到马克思主义创新的哲学观念的指导。

《新大众哲学》正是基于高度的使命感和理论自觉，努力高扬党的思想路线的旗帜，坚持解放思想、实事求是、与时俱进、求真务实，顺应时代潮流，深入思考和回答时代挑战与大众困惑。《新大众哲学》既不是哲学教科书，刻意追求体系的严密，也不是哲学专著，执着追求逻辑论证与理性推理；而是针对重大现实，以问题为中心，密切关注时代变化和形势发展，注重吸收人类思想新成果，进行哲学提升、理念创新，不拘泥于哲学体系的框架，以讲清哲学真理为准绳。在表达方式上，《新大众哲学》避免纯粹的抽象思辨和教科书式的照本宣科，以通俗化的群众语言来阐述，力求通俗易懂、生动活泼，贴近广大读者的新要求，让马克思主义哲学"讲中国老百姓的话"。

《新大众哲学》立足马克思主义哲学的本真精神，从总论、唯物论、辩证法、认识论、历史观、价值观、人生观七个方面围绕时代问题展开哲学诠释，力求将重大理论与现实问题提升到马克思主义哲学世界观方法论的高度加以分析与阐明，在回答重大理论与现实问题的进程中，力争推进马克思主义哲学的时代化、中国化和大众化。这是历史赋予马克思主义哲学义不容辞的责任，也是《新大众哲学》应当担当的历史重任和奋力实现的目标。或许，在这个信息爆炸、大众兴趣多样化的时代，这套丛书并不能解决大众所有的疑问和困惑，但《新大众哲学》愿与真诚的读者诸君一起求索，一道前行。

以上所述只是《新大众哲学》追求的写作目的，然而，由于《新大众哲学》作者们的水平能力有限，可能难以达到预期。再者，《新大众哲学》分七部分，且独立成篇，必要的重复在所难免。同时，作者们的文字功底不够扎实，文字上亦有不尽完善的地方。故恳请读者们指教，供《新大众哲学》再版时修订。

注　释

1 《列宁专题文集　论社会主义》，人民出版社2009年版，第399页。

用辩证法看问题

——辩证法总论

马克思主义哲学划时代的贡献就在于改造了黑格尔的唯心主义辩证法，把唯物主义与辩证法结合起来，完成了辩证法的革命，建立了最彻底最完备的辩证法形态——唯物辩证法。唯物辩证法是建立在唯物主义基础上的、是唯物主义与辩证法的最佳结合。

辩证法是关于宇宙万事万物运动、变化和发展的最普遍规律的科学。唯物辩证法科学地揭示了自然、人类社会和思维运动、变化和发展的最一般规律，为人们的认识和实践提供了科学的世界观和方法论，既是人们观察、认识、说明一切事物的望远镜和显微镜，又是指导人们处理一切问题，努力推动事物向好的方向转化发展的思想利器。

一、揭示事物最普遍规律的科学
——老子《道德经》与辩证思维方式

在中国民间，每逢春节来临之际，老百姓都喜欢把"紫气东来"作为春联横批。"紫气东来"比喻祥瑞降临，寄托了人们对未来的憧憬和向往。提到"紫气东来"的来龙去脉，还要从老子（约前571—前471年）过函谷关说起。

传说函谷关关令尹喜，少时好观天文、喜读古籍，修养深厚。一日夜晚，他登关凝视星空，忽见东方紫云聚集，其长三万里，形如飞龙，由东向西滚滚而来，自语道："紫气东来三万里，圣人西行经此地。青牛缓缓载老翁，藏形匿迹混元气。"[1] 预见将有圣人来关。

这个圣人就是老子。老子长期在周朝王室生活，曾担任过周王室主管图书典籍的官职，知识渊博，很有学问，但仕途坎坷，几遭贬辱。他看到周王室日渐衰落，诸侯纷争，社会矛盾突出，感到异常厌倦，决意退隐，到相对繁荣的秦国安度晚年。于是辞官不做，骑着一头青牛，离开了洛阳向西走去，途经函谷关。

尹喜仰慕老子已久，见老子来到函谷关，便恳求老子说："您有那么大的学问，将要退隐了，请在函谷关多住几日，为我留下一些教诲吧！"言下之意是老子只有做篇文章才能走。于是老子留住函谷关写下了一篇五千字的文章，便是《道德经》。"老子过函谷关，留下五千言经"的故事见于《列仙传》和《太平御览》，最早的史书记载则来自于司马迁（前 145 年或前 135 年—？）《史记·老子韩非列传》。老子是楚国苦县厉乡曲仁里（现河南省鹿邑县）人，姓李名耳字聃。西行途中经函谷关，关令尹喜强求他著书，写下了《道德经》。史书记载不过如此。关于老子其人其书，从司马迁到王夫之（1619—1692 年），再到近代不少著名学者，都做过深入考证，历来有争论。尽管如此，《道德经》一书的存在却是不争的事实。"经"在古代就指经典之籍。《道德经》是一部论述有关道与德的经典专著。"道"是《道德经》的核心概念，用"道"来说明宇宙万物的演变，提出"道生一，一生二，二生三，三生万物"的观点，认为"道"是"莫夫之命而常自然"，"人法地，地法天，天法道，道法自然"，"道"有着"独立不改，周行而不殆"的永恒绝对本体的意义，决定着宇宙一切的运行秩序和人的正确行为。

"道"的本意是道路，也有客观规律的含义。西方学者将其翻译为理性（Vernunft）、逻各斯（Logos）、上帝（Gott）、意义（Sinn）、正确的道路（Recher Weg）、规律（Gesetz）等。《道德经》赋予"道"以先于客观世界之生成而存在、先于人与人类社会之产生而存在，超越并决定整个世界和人类社会的运行秩序的意义。西方哲学家，如被西方公认的 20 世纪哲学大师雅斯贝尔斯（Jaspers，1883—1969 年）认为，老子把"道"看作世界及万物的终极，存在于天地生成之前，也先于上天神（中国人的上帝），因为"道"的存在，才使得万事万物得以生成发展。"道"作为虚无而存在，好像不起作用，但又在作用着。《道德经》从"道"推演出世界万事万物，包括人的认识、道德的对立统一的辩证运行秩序。中国著名哲学家任继愈先生（1916—2009 年）长期研究《道德经》，认为"道"之本意是人走的路，经过引申而具有规律的意思。《道德经》把"道"叫作"万物之宗"，首次提出把"道"作为哲学的最高范畴，是产生整个物质世界的总根源，世界万物是从"道"派生出来的，认为"道"是宇宙万物的老祖宗。任继愈先生认为，"道"的哲学思想中包含着朴素的辩证法思想，系统地揭示了事物相互依存、相互转化的辩证关系。

当然，对"道"乃至对老子的哲学理念，历来存有争议，有人认为它是客观唯心主义，有人认为它是朴素唯物主义。我们暂且搁置争议，可以发现《道德经》思想包含有关于世界万事万物按照辩证规律运动的合理内核，可以看出《道德经》是辩证思维方式的经典之作，是阐述辩证法的古代经典文献。辩证法是对客观世界到底是一个什么样子、客观世界发展的基本规律是什么的哲学解读。

在大自然，寒往暑来、日往月来，高岸为谷、深谷为陵；在人类社会，春耕夏耘、秋收冬藏，世事变幻、兴衰存亡。一切事物都在运动变化，一切事物都有生成死灭，历代王朝和达官显贵都难逃兴浮亡忽、衰败湮灭的历史宿命。唐代诗人刘禹锡（约 772—约 842 年）在《乌衣巷》中写道："朱雀桥边野草花，乌衣巷口夕阳斜。旧时王谢堂前燕，飞入寻常百姓家。"[2] 沧海桑田、人事更替的万千变化，让人兴叹，发人深思。到底客观世界发展变化的一般法则是什么呢？这是人类的哲学之问，也是辩证法所要回答的问题。

"辩证法"一词源于古希腊文，本意是指在谈话辩论中揭露对方话语中的矛盾并通过克服这些矛盾而求得真理的方法。在哲学史上，黑格尔（Hegel，1770—1831 年）第一次明确地在哲学世界观方法论意义上使用辩证法概念，他不仅把辩证法看作揭露矛盾的思维方式，同时还把它看作适用于一切现象的哲学概念，创立了唯心主义辩证法。马克思主义经典作家在批判地继承黑格尔唯心主义辩证法的基础上，把黑格尔唯心主义辩证法改造成为唯物主义辩证法。

在哲学史上，有古代朴素辩证法、近代唯心主义辩证法以及现代唯物主义辩证法。

朴素辩证法是古代智慧的灵光。

古代朴素辩证法是人们仰观天文、俯察地理、近取诸身、远取诸物的思想成果。人们从纷繁复杂的自然现象和社会现象中，探赜索隐，沉思默会，穷究天地万物动变的规律，体悟社会人生的道理。

古希腊哲学认为，一切事物都处在永恒变化之中；互相排斥的东西结合在一起，不同的音调产生最美的和谐；一切都是斗争所产生的，事物内部的对立面的斗争产生了万事万物，天才地猜测到了辩证法规律。在中国古代，也有着极为丰富的朴素辩证法思想。中国传统哲学肯定矛盾存在的普遍性，"天地万物之理，无独必有对"[3]；矛盾着的对立面是相互依存的，"有无相生，难易相成，长短相形，高下相倾，音声相和，前后相随"[4]；矛盾着的对立面相感相应、相摩相荡，引起矛盾双方地位的交替流转以及天地万物的无穷变化，"天地之德不易，而天地之化日新"[5]；事物由内部矛盾引起运动、变化、发展，并向自己的对立面转化，"祸兮福之所倚，福兮祸之所伏"[6]，"反者道之动"[7]。

形而上学是与辩证法一同前行的聚头冤家。

"形而上学"作为哲学概念，在哲学史上通常在两种意义上使用：一是指研究超感觉、超经验之外对象的学问。形，是指人可见的、可感觉到的呈现在时空中的形体、现象。形而上，是指高于形体、现象之上的不可见的东西。形而上学是寻求超感觉的、经验之外的"最高原因的基本原理"的哲学学说。二是指与辩证法相对立的发展观。这里讨论的形而上学是在第二种意义上使用的。

在人类哲学思想发展史上，辩证法与形而上学的对立与斗争同唯物主义与唯心主义的对立与斗争交织在一起，并从属于唯物主义与唯心主义两大哲学派别的对立与斗争。

在古代朴素辩证法思想形成的同时，也产生了古代形而上学思想。譬如中国传统哲学中的天道不变论。古代朴素辩证法思想是可贵的，它明白无误地向人们展现了一幅由种种联系和相互作用无穷无尽地交织起来的画面，其中没有任何东西是不动的和不变的，一切都在运动、变化、产生和消灭，它带有自发、朴素、直观、猜测的性质。古代朴素辩证法虽然正确地把握了现象的总画面的一般性质，却不足以说明构成这幅总画面的各个细节，而人们要是不了解这些细节，就看不清总的画面。因此，古代朴素辩证法在发展过程中尽管与形而上学进行了长期的斗争，但并未从根本上战胜形而上学，反而使形而上学一度占了上风。

从 15 世纪后半期到 18 世纪上半期，适应资本主义生产发展的需要，自然科学迅速发展，尤其是研究机械运动的力学取得了相当的成就。当时的自然科学家为了认识个别事物、个别领域的规律，往往把自然界整体分割为各个部分，把过程分割为各个阶段，把自然界的一切事物和事物发展的各种过程分成一定的门类，对有机体内部按其各种各样的解剖形态进行研究，这是认识自然界、推动自然科学取得巨大进展的基本条件，也为人们认识世界辩证联系和发展的总体画面提供了前提依据。这种认识方法是人类认识史的必然阶段，对于人类对外部世界的认识也是必要的。但是，由于这种研究方法注重分析而疏于综合、注重部分而忽略整体、注重阶段而轻视过程，因而难以从总体上和过程中发现事物的本质、规律和内部联系。17—18 世纪欧洲的唯物主义哲学家吸取、借鉴自然科学成就，同时也把孤立的、静止的、片面的研究问题的思想方法引入哲学，形成了机械的、形而上学的哲学观点。形而上学的思维方法占据了哲学思维方式的统治地位。形而上学（机械）唯物主义试图用力学的观点解释一切，甚至认为人也是机器，只不过是比机器多了几个齿轮、几条弹簧。机械唯物主义用消极、直观、被动的观点看世界，只承认物质决定精神、思维决定存在，看不到精神对于物质、思维对于存在的能动的反作用；机械唯物主义在研究自然现象时，坚持了唯物主义观点，但在研究社会现象时，却不能理解人类社会不同于自然界的特点，不能理解社会存在与社会意识的辩证关系，不能理解社会发展的终极原因和深刻根源，从而将历史发展归结为人的思想动机、主观意志，完全为人的主观意志特别是英雄豪杰人物所左右，这就为唯心主义在历史领域的存在留下了地盘。

在哲学史上，辩证法与形而上学都分别同唯物主义和唯心主义结合过。有唯物主义辩证法，也有唯心主义辩证法；有唯物主义形而上学，也有唯心主义形而上学。但在古代哲学思想那里，唯物主义与辩证法的结合还不是建立在科学的基础上。到了近代欧洲，由于自然科学的发展和社会斗争的复杂情况，出现了唯物主义与形而上学相结合，产生了17—18世纪的形而上学唯物主义。虽然在反封建斗争中，它给唯心主义和宗教神学以有力打击，但由于它不懂辩证法，不能把唯物主义贯彻到底，因而也不能最终战胜唯心主义和宗教。到了19世纪，产生了唯心主义辩证法，它虽然对运动发展作了符合辩证法的说明，但因为受到唯心主义世界观的束缚，也是不彻底、不科学的。辩证法只有建立在唯物主义基础上，与唯物主义相结合，才是科学的、彻底的。

唯心辩证法是头脚倒置的辩证法。

世界进入近代以来，德国古典哲学家康德（Kant，1724—1804年）的天体演化学说显示了事物发展变化的辩证法思想，打开了形而上学自然观的缺口。这种辩证法思想在德国古典哲学家、唯心主义辩证法大师黑格尔那里得到了系统的发展。黑格尔的巨大功绩，在于第一次把整个自然的、历史的和精神的世界描写为一个不断运动、变化、转变、发展的过程，并企图揭示这种运动发展的内在联系。在他看来，在自然界和人类社会产生以前，就存在着一个"绝对精神"。发展是"绝对精神"的自我运动，自然界和人类社会都是由"绝对精神"演化而来的。黑格尔关于运动发展的思想猜测到了事物本身的辩证法，反对了形而上学；但他认为运动发展的主体或承载者不是物质世界，而是一种脱离

自然界、人类社会和人而独立自存的精神，因而他的辩证法
是唯心的、头脚倒置的。由于其建构唯心主义体系的需要，
他又认为发展有终点，自己的哲学就是"绝对精神"发展的
顶点，是一个穷尽和包含了一切真理的最终完成了的体系。
黑格尔的辩证法是不彻底的，其关于事物运动发展的合理思
想最终被其唯心主义体系的坚硬外壳窒息了。要克服其唯心
主义体系和辩证方法的矛盾，就必须打碎其唯心主义外壳，
拯救其辩证法的合理内核。

唯物辩证法是辩证法的科学形态。

19 世纪 40 年代，德国资产阶级革命形势日益成熟。反
映在哲学上，就是德国古典唯心主义的终结和唯物主义的兴
起。作为德国资产阶级哲学杰出代表的唯物主义者费尔巴
哈（Feuerbach，1804—1872 年），坚决批判传统宗教和黑格
尔的唯心主义哲学，指出人以及作为人的基础的自然是哲学
唯一的和最高的对象，自然先于精神，在人和自然之外没有
独立的精神存在。他批判黑格尔的唯心主义，力图恢复唯物
主义的权威。但他不理解黑格尔唯心主义辩证法的方法论意
义，将黑格尔的辩证法与唯心主义一起简单地抛在一旁，就
像看到洗澡水脏了，就把洗澡水连同小孩一起倒掉，并且用
在许多方面都比黑格尔贫乏得多的哲学取而代之，因而也就
不能从根本上克服、超越黑格尔哲学而取得划时代的成果。

克服黑格尔哲学的缺陷，拯救其在唯心主义外壳遮蔽下的辩证法的合理内核，并使其在唯物主义基础之上获得新生，这个任务是由马克思和恩格斯完成的。

19世纪以后，自然科学由主要是搜集材料的科学发展为整理材料的科学。细胞学说、能量守恒和转化定律以及达尔文（Darwin，1809—1882年）的生物进化论这三大发现以及自然科学的其他巨大进步，使人们不仅能够指出自然界各个领域中过程之间的联系，而且总的说来也能指出各个领域之间的联系了，从而以近乎系统的形式描绘出一幅自然界联系的清晰图画。由英国开始的工业革命，促进了生产力的迅速发展，使资本主义的内在矛盾及其阶级表现——无产阶级和资产阶级的矛盾日益尖锐；随着历史向世界历史的转变，各个国家和民族的交往在世界范围内展开，社会历史之唯物而辩证的性质日益充分地向人们展现出来，生产的社会化与交往的普遍化也开阔了人们的眼界，使人们能够以宏大的时空视野观察人类历史的辩证发展过程。哲学史上唯物而辩证的思想传统，也为创立新哲学、实现唯物论和辩证法的新的结合准备了思想条件。马克思、恩格斯正是以自然科学的新成果、社会历史的新观察以及对于黑格尔唯心辩证法合理内核的拯救与费尔巴哈唯物主义基本内核的批判继承，创立了辩证唯物主义和历史唯物主义，实现了唯物论和辩证法以及唯物辩证的自然观与历史观的高度统一。

马克思主义哲学划时代的贡献就在于改造了黑格尔的唯心主义辩证法，把唯物主义与辩证法结合起来，完成了辩证法的革命，建立了最彻底最完备的辩证法形态——唯物辩证法。唯物辩证法是建立在唯物主义基础上的，是唯物主义与辩证法的最佳结合。

在马克思主义哲学中，唯物论与辩证法是内在统一、紧密联系的，表现为二者的相互渗透、彼此融通。马克思主义的唯物主义，在解决世界本原问题时，内在地蕴含着辩证法，把物质世界的统一视为相互联系的、无限发展的多样性的统一；马克思主义的辩证法，在解释世界"怎么样"时又始终贯穿着唯物主义，认为"事物的辩证法创造观念的辩证法"[8]，主观辩证法不过是客观辩证法在人的头脑中的反映，把观察的客观性作为辩证法的第一要素。马克思主义的唯物主义是辩证的唯物主义，马克思主义的辩证法是唯物的辩证法。若只有一个方面而没有另一个方面，只有唯物论而没有辩证法，或只有辩证法而没有唯物论，就不是真正的马克思主义哲学；若只讲唯物论而不讲辩证法，或只讲辩证法而不讲唯物论，都会导致思想的迷误和实践的失败。

唯物辩证法是揭示事物最普遍规律的科学，是马克思主义哲学的重要组成部分。

恩格斯指出："辩证法不过是关于自然界、人类社会和思维的运动和发展的普遍规律的科学。"[9] 世界上的事物及其运动、变化和发展过程，表面看来千头万绪、杂乱无章，实际上任何事物都遵循自身的运动、变化和发展的规律。什么叫规律？规律就是事物内部的、本质的、必然的联系。列宁说："规律就是关系。……本质的关系或本质之间的关系。"[10] 正因为规律是事物内部的、本质的、必然的联系，所以它对同一领域和所处条件相同的事物起着决定的、支配的作用。例如，力学中的惯性定律普遍适用于一切物体，无论任何物质，在它所受的外力的合力为零时，都必然要保持其原有的运动状态不变。在社会历史领域中，生产关系一定要适合生产力发展，上层建筑一定要适合经济基础变更要求的规律，也具有普遍性，它对于一切社会都是适用的。

——**规律是事物的重复的联系**。只要具备一定的条件，同一领域的事物之间某种合乎规律的联系，就必然要重复出现和发生作用。例如，进化规律，在所有生物物种中都会存在并发生作用；价值规律，在商品生产的社会中都要不断地、反复地出现和起作用。人类社会是一个自然历史过程，必然遵循自身发展的规律。

——**规律是事物的稳定的联系**。一切事物所表现出来的现象是变动不居的，规律则是稳定的。例如，自然界中的能量转化现象形式多样，可以表现为热能、电能、核能、生物能、化学能等能量之间的相互转换，但能量守恒规律作为规律却在所有具体的、多样的能量转化现象中普遍地、稳定不变地始终起作用。当然，规律也不是永恒不变的，会随着事物条件的变化而变化。兵无常势就是讲战争规律是依据战争条件而变化的，一切具体事物的发展规律也是如此，都是历史的、具体的、变化的、发展的。

——规律是事物本质的联系。事物发展的规律比事物表现出来的现象更为深刻、更为本质。规律是在一定条件下在事物运动、变化和发展过程中持续地、反复地、始终地发生作用的东西，从而决定事物总的发展趋势和基本变化过程，反映了事物的内在本质和必然趋势。规律比现象更为本质，规律是事物本质的，从而是稳定的、普遍的、反复起作用的联系。规律是事物本质的联系，但并不包括事物的全部联系。譬如，在人类社会中，人与人的关系是多样的、复杂的，又是具体的、千差万别的，但人与人之间所发生的利益关系，从而经济关系却是本质的、稳定的，这种关系在阶级社会中又表现为阶级关系。在阶级社会中的阶级关系是人与人之间本质的联系，但这种本质的关系并不等于人与人之间的全部联系，如家庭关系、血缘关系、男女关系、朋友关系、战友关系、师生关系、同志关系等。经济关系、阶级社

会中的阶级关系是本质的、稳定的、持续发生作用的，阶级
斗争规律是阶级社会的重要规律。规律并不包括事物的所有
联系，更不能反映事物现象的绚丽多彩、复杂缤纷、变化无
常，现象比规律更丰富、更易变。毛泽东用"树欲静而风不
止"来形容阶级社会的阶级斗争规律，说明规律是不以人的
意志为转移的。"风生于地，起于青萍之末。"[11] 不管现象如
何纷繁复杂、易变多端，总有端倪可察，总有征兆可寻，总
有蛛丝马迹可知，事物的运动、变化和发展总要潜在地受一
定规律的支配。

——事物运动、变化和发展是有一定规律可循的。世界
上的规律有三大类：第一类是只支配某一领域的具体规律，
如物理界的万有引力定律、相对论规律，都是在一定范围的
物质世界中起作用。万有引力定律只是在地球引力范围内起
作用，超出地球引力，则是相对论规律起作用。随着人类对
宇宙认识的扩展，可能还会有超过相对论规律范围的规律起
作用。第二类是支配几个不同领域的特殊规律，如能量守恒
和转化规律，在物理界、生物界、化学界都会起作用。第三
类是对世界万事万物一切领域都起着支配作用的普遍规律，
各门具体科学如力学、数学、化学、生物学等自然科学，经
济、政治、法学等各门社会科学，文学、历史等各门人文科
学是研究前两类规律的，而哲学是自然科学、社会科学和人

文科学的概括与结晶。

唯物辩证法是研究第三类规律的，是研究宇宙万事万物运动、变化和发展的最普遍规律的科学。唯物辩证法是最完整深刻而无任何片面性弊端的关于联系与发展的新学说。

唯物辩证法是一个严密、完整、系统的科学体系。表现在以下三个方面：一是有两个原则，即联系的原则和发展的原则。世界万事万物是普遍联系的，联系的原则是辩证法的一条基本原则，恩格斯指出："辩证法是关于普遍联系的科学。" [12] 世界万事万物都是运动、变化和发展的，发展的原则是辩证法的又一条基本原则。二是有三个基本规律，即对立统一规律、质量互变规律和否定之否定规律。三是还有一系列基本范畴，即本质与现象、内容与形式、原因与结果、必然性与偶然性、可能性与现实性、简单性与复杂性等。这些基本原则、基本规律和基本范畴从各个不同方面深刻揭示了事物内部和事物之间最普遍的本质联系，揭示了事物运动、变化和发展的一般性质、主要过程和基本趋势。唯物辩证法的基本原则、基本规律和基本范畴不是平行并列的，而是有内在逻辑联系的。普遍联系和永恒发展是一切事物存在的基本方式，无一例外，所以一切事物都是联系而发展的。唯物辩证法揭示了事物普遍联系和永恒发展中的稳定的、本质的、反复出现的关系，这就是唯物辩证法的基本规律，即对立统一规律、质量互变规律和否定之否定规律。在这三大规律中，对立统一规律是最根本的规律，是辩证法的实质与核心。列宁指出："就本来的意义说，辩证法就是研究对象的本质自身中的矛盾。"[13] 对立统一观点是理解辩证法其他基本规律和基本范畴的"钥匙"，是认识世界和改造世界的根本方法。

辩证法与形而上学是两种根本对立的世界观和方法论。

在人类的认识史中，从来就有关于宇宙发展法则的两种见解：一种是辩证法的见解，一种是形而上学的见解，这两种见解形成了互相对立的两种宇宙观。辩证法用联系的、发展的、全面的观点观察认识世界，形而上学则是用孤立的、静止的、片面的观点观察认识世界，一定要划清辩证法和形而上学的根本区别。世界上的各种事物、现象是相互联系、变化发展的，还是彼此孤立、静止不变的？如果有联系，这种联系是外在的还是内在的？如果有变化，是数量的增减、场所的变更、简单的循环重复，还是由量变到质变、由低级到高级、曲折上升的？发展变化的根本原因，是由于外力的作用，还是由于内在矛盾的推动？对于这些问题的根本不同的回答，将人们的哲学观点区分为辩证法和形而上学。形而上学把世界一切事物都看成是彼此孤立和永远不变化的。如果说有变化，也只是数量的增减和场所的变更。而这种增减和变更的原因，不在事物的内部而在事物的外部，即出于外力的推动。和形而上学相反，唯物辩证法的根本任务是揭示事物最普遍的规律。辩证法主张从事物的内部、从一事物对他事物的关系去研究事物的发展，把事物的发展看作是事物内部的必然的自己的运动，而每一事物的运动都和它周围的其他事物互相联系着、互相影响着。事物发展的根本原因，不是在事物的外部而是在事物的内部，在于事物内部的矛盾性。

1957 年 1 月 27 日，毛泽东在省市自治区党委书记会议上的讲话中讲道："要照辩证法办事。这是邓小平同志讲的。我看，全党都要学习辩证法，提倡照辩证法办事。"[14] 唯物论、辩证法、认识论、历史观，是马克思主义哲学的基本组成部分，辩证法是其中的重要内容。"照辩证法办事"，就是要求我们提高辩证思维能力，运用辩证法认识问题、分析问题和解决问题。毛泽东在领导中国革命和建设的实践中创造性地丰富和发展了辩证法，并实际地运用辩证法矛盾分析方法认识事物、推动事物发展。他提出了"矛盾论""两分法""抓重点""全面地看问题""抓主要矛盾和矛盾的主要方面""分清一个指头和十个指头""分清主流和支流""抓两头带中间""划清两种界限""反对两种倾向""两条腿走路""统筹兼顾"等辩证法的光辉思想，创造了许多灵活运用辩证法分析问题、指导实践并取得成功的鲜活范例。

在运用辩证思维、照辩证法办事方面，邓小平也为我们树立了创造性的典范。譬如，他提出：照顾各方面，照顾各阶段，（中国特色社会主义）分三步走发展战略；"一个中心，两个基本点"，全面发展；波浪式前进，"几年上一个台阶"；允许差别；认识平衡与不平衡的辩证关系；处理好先富后富的辩证关系；一般与个别相结合，中国具体国情是特殊，马克思主义普遍真理是一般，二者要结合；国有国情，省有省情；无论宏观还是微观，都要处理好一般与个别、共性与个性的关系；强调两点论和重点论、全面性和针对性，既反"左"又反右和抓主要倾向；"两手抓"，"两手都要硬"；等等。

邓小平精于辩证法。他对辩证法的贡献不是在一般辩证法理论上，而是体现在领导活动、战略决策上，体现在对实际问题的处理上。譬如，关于两个文明建设，一国两制，大国与小国，全局与局部，大道理与小道理，和平与发展，共性与个性，主要矛盾与次要矛盾，民主与法制，制度与体制，先富与后富，计划与市场，主体与补充，国家、集体与个人，改革、稳定与发展等重大关系问题的论述与处置。辩证法强调战略观点。战略观点就是从长远、全局、根本出发，辩证地看问题。邓小平十分强调用战略观点分析问题。邓小平"立足中国大地而又面向世界，正视国情现实而又放眼未来"[15]。"着眼于长远，着眼于大局"，"顾全大局"，"一切从大局出发"，这是邓小平哲学思想中观察问题的战略眼光，也是邓小平娴熟运用辩证法的具体体现。

江泽民、胡锦涛反复告诫全党要学习马克思主义，努力掌握辩证唯物主义和历史唯物主义，善于从政治的高度发现和解决问题，增加工作的原则性、系统性、预见性和创造性。江泽民指出："马克思主义的科学世界观，是我们战胜一切敌人和一切艰难险阻的强大思想武器。坚持用马克思主义的科学世界观来指导我们的一切工作，始终是我们十分重要的任务。丢掉了这个强大的思想武器，我们的事业就不能取得成功，就会发生失误和挫折。进行辩证唯物主义和历史唯物主义的教育，要在全党和全国人民中始终不渝地坚持下去。"[16] 他认为"具体情况具体分析、具体问题具体解决，这是马克思主义活的灵魂，是唯物辩证法的基本要求。党的思想政治工作也应坚持运用好这个活的灵魂和坚持贯彻好这个基本要求"[17]。"解放思想，实事求是，是建设有中国特色社会主义理论的精髓，是保证我们党永葆蓬勃生机的法宝。"[18] 要求"领导干部，不论是干哪一行的，都应该学习马克思主义哲学，努力掌握唯物辩证法，做到既能审时度势，对不断变化的新情况作出准确判断和及时有效的处置，又能驾驭全局，根据事物发展的规律，把党的路线方针政策贯彻落实好，积极主动地做好工作"[19]。要用辩证唯物主义和历史唯物主义的世界观方法论去分析和解决问题，使思想适应发展变化的新形势。强调"理论创新，这是马克思主义唯物辩证法的根本要求。要使党和国家的发展不停顿，首先理论上不能停顿，否则，一切新的发展都谈不上"[20]。胡锦涛强调："辩证唯物主义和历史唯物主义的世界观和方法论，是马克思主义最根本的理论特征。"[21] 他要求全党"牢固树立辩证唯物主义和历史唯物主义世界观和方法论，真正做到学以立德、学以增智、学以创业"[22]，善于运用马克思主义唯物辩证法的观点来分析和把握形势，认识问题，指导实践。

习近平善于运用辩证法分析复杂事物，全面把握事物变化及其关系，通晓辩证思维方式和辩证分析方法。他反复强调要增强战略思维、辩证思维、系统思维、创新思维和底线思维能力，要善于运用辩证法，正确地观察、分析事物，研究解决改革发展中的困难和问题，不断增强决策的科学性、前瞻性、主动性。对于学习实践科学发展观，他指出："要特别注意掌握蕴含其中的辩证方法"，"科学发展观是充分贯彻和体现马克思主义唯物辩证法的发展观。它所强调的发展，是正确处理局部与全局、数量与质量、速度与效益关系的又好又快发展，是正确处理人与人、人与社会、人与自然关系的协调发展，是正确处理城市与农村、发达地区与欠发达地区、国内发展与对外开放关系的统筹发展，是正确处理经济、政治、文化、社会以及生态等各方面关系的全面发展，是正确处理当前与长远、现在与未来关系的可持续发展"[23]。他灵活地运用辩证思维方式思考和处理改革开放问题，要求从纷繁复杂的事物表象中把准改革脉搏，把握全面深化改革的内在规律，指出全面深化改革是一项复杂的系统工程，应有总体设计和总体规划，包括总体方案、路线图、时间表以及战略目标、工作重点、优先顺序等。要加强顶层设计，增强改革措施的系统性、协调性，对经济体制、政治体制、文化体制、社会体制、生态文明体制的改革进行整体谋划，加强各领域改革的关联性、系统性、协同性研究，使改革举措具有可行性和可操作性，使各项改革举措在政策取向上相互配合，在实施过程中相互促进，在实际成效上相得益彰。

习近平娴熟地运用辩证法的"矛盾论"和"两点论"、"重点论"和"全面论"来观察和处理问题，要求把握全面深化改革的重大关系，处理好解放思想和实事求是的关系、整体推进和重点突破的关系、顶层设计和摸着石头过河的关系、胆子要大和步子要稳的关系以及改革发展稳定的关系。他关于既要以经济建设为中心，又要重视党的意识形态工作；既要坚定不移地抓好党的建设、反腐倡廉建设，又要坚定不移地、大胆地推进改革开放；既要在新的历史起点上全面深化改革，深化改革又必须要牢牢坚持正确方向，坚持和完善我国基本经济制度；既要重视市场资源配置的决定性作用，又要更好地发挥政府作用；既要统筹兼顾又要突出重点；既要立足当前又要放眼长远；既要把握国情又要了解世界；既要循序渐进又要竞相突破；既要胸怀全局又要抓好局部；既要治标也要治本；等等，为我们提供了成功运用辩证法的榜样。

唯物辩证法既是科学世界观，又是科学认识论和方法论。要学会辩证思维，善于运用辩证法认识事物、分析事物、说明事物、指导实践。照辩证法办事，就是掌握辩证思维方式，认识和把握事物发展的辩证规律。当然也不能把唯物辩证法原理变成僵化的公式，到处套用，那样就会使辩证法走向反面，甚至沦为诡辩论。

怎样才能真正做到照辩证法办事？

——**坚持观察的客观性，防止主观地看问题**。列宁在《哲学笔记》中把"考察的客观性"[24]作为辩证法的第一要素。毛泽东指出："研究问题，忌带主观性、片面性和表面性。"[25]所谓主观性，就是不知道客观地看问题。从本本出发，从已有的经验出发，而不是从客观存在着的实际出发，不能认识事物本身固有的客观性和特殊性。

——**坚持观察的全面性，防止孤立地看问题**。事物是普遍联系的，从客观实际出发，一定要坚持全面地、普遍联系地看问题。所谓孤立性，也就是把一事物与他事物割裂出来，单独地、毫无关联地观察该事物，不知道全面地、联系地看问题，只知其一，不知其二；只见局部，不见全体；只见树木，不见森林，不能从总体上把握客观实际。

——坚持观察的深刻性，防止表面地看问题。要善于透过现象看本质。所谓表面性，就是只看到事物的表层现象，看不到事物的实质，不去深入地研究客观事物的内在本质，不知道从本质上看问题，粗枝大叶地看到一点表面现象，就想动手去解决问题。

——坚持观察的发展性，防止静止地看问题。一切事物都是发展变化的，发展变化是绝对的，静止不变是相对的。要善于用发展的眼光看问题，把任何事物都看作一个发展过程。发展的眼光，也就是历史的眼光、过程的眼光，用发展的眼光看问题，也就是历史地看问题，把任何事情都看作一个过程，切忌把事物看成一成不变的、静止的。

——坚持观察的重点性，防止片面地看问题。分析问题要讲主要矛盾、矛盾的主要方面，要看重点、讲主流。包含多种矛盾的任何事物都有主要矛盾和次要矛盾，任何矛盾都有矛盾的主要方面和次要方面。抓重点、看主流是一种重要的思想方法和工作方法。人们经常用九个指头和一个指头或者多数指头和少数指头，来比喻全局和局部、一般和个别、主流和支流的关系，不能主次颠倒、本末倒置。尊重辩证法，就要通过对客观事实的科学分析来确定什么是重点和主流，不能靠主观臆断和想当然来确定重点和主流。如果脱离客观实际，离开辩证法，把九个指头和一个指头或者多数指头和少数指头的关系当成抽象的公式到处硬套，主观任意地认定全局和局部、主流和支流、主要和次要，就会犯错误。对于工作中的成绩和缺点，也要进行实事求是的分析，从中吸取经验、接受教训，不能把"成绩主要、缺点次要"这样的公式到处硬套。

二、世界是普遍联系的
——世界金融危机与全面的观点

由美国次贷危机所引发的世界性的全球金融危机，其严重程度、危害性均已超过 1929—1933 年的世界性经济危机，是第二次世界大战以来最为严重的一场危机，甚至有人认为是人类有史以来最触目惊心的一场危机，是 21 世纪以来最重大的世界性事件。这场危机阴霾重重，持续发酵，日渐深化，不断扩展，前景黯淡，引起了整个西方世界空前的大萧条、大衰落、大恐慌。此次危机源于美国次贷危机，继而促发美国金融崩盘，导致美国全国性的经济社会危机，再由美国危机连带引起欧洲危机至世界危机。这场危机自上而下，自虚拟经济而实体经济，自世界主要发达国家而发展中国家，自经济而政治乃至整个社会，已然演变成全球化形态的资本主义世界体系危机、资本主义全面制度危机。从美国房地产泡沫破裂和雷曼兄弟投资银行百年老店倒闭的次贷危机到欧洲主权债务危机，到早已长期处于低迷困境的日本经济，到美国政府"财政悬崖""政府停摆"，直至演变成全球性全面危机；从"占领华尔街"运动到席卷欧洲乃至全球的民众抗议运动，真乃是"美国闯祸，全世界遭殃""美国人花钱，全世界老百姓买单"……就像多米诺骨牌，一骨倒覆，引发全盘崩溃。对于这场危机产生的原因与本质，全球的思想家、理论家、政治家纷纷站在不同的立场和角度加以剖析、说明和解读。然而，从辩证法的角度来看，却表明了资本主义创造了市场经济和世界市场体系，通过市场这只看不见的手，把世界相关领域、相关方面千丝万缕地联系在一起了。它由资本主义不可克服的内在矛盾激化所致，一荣俱荣，一损俱损，充分说明世界是普遍联系的。

无独有偶。中国民间流传着一个笑话，说的是一个人很"独"，总幻想世界上的人全部死光，只剩他一人，这样就可以享尽人间富贵。可是一觉醒来，他发现还要留一个卖烧饼的。第二天醒来，他又想到还要有种麦子的、磨面的……想来想去，他才搞明白，世界上缺了哪个具体的人都可以，但就是不能只有一个人。这个笑话告诉我们，人是社会动物，离开了与他人的社会联系，任何人都是无法生存的。人类社会是谁也离不开谁的，人类社会是普遍联系的世界。

事物之间的普遍联系是不以人的意志为转移的辩证法第一原则，普遍联系的观点是辩证法的重要观点。

物质世界是普遍联系的统一整体。世界上的一切事物、一切现象都具有普遍联系的特征，没有哪一个事物、哪一个现象是孤立存在的。辩证唯物主义肯定世界的物质统一性，坚持唯物主义一元论，同肯定世界的普遍联系，坚持全面的观点，反对孤立的、片面的观点是一致的。

我们说事物是普遍联系的，也就是说事物之间是互相依存、互相制约、互相作用的。宇宙中任一事物，都是同其周围事物相互联系的，没有任何一个事物可以脱离他事物而单独存在；事物内部各个要素（部分）之间也总是互相依赖、互相作用的。在自然界中，从巨大的星系到微观粒子，从无机界到有机界，从植物界到动物界，无不处于有机联系之中。人类社会亦是如此，脱离社会联系的孤立的个人是不存在的。这正如恩格斯所说："当我们通过思维来考察自然界或人类历史或我们自己的精神活动的时候，首先呈现在我们眼前的，是一幅由种种联系和相互作用无穷无尽地交织起来的画面。"[26]

自然科学和社会科学的新发展为唯物辩证法的普遍联系的观点不断提供新的证据，证实和丰富了唯物辩证法关于普遍联系的原理。19 世纪以来，物理学、天文学、地质学、生物学和化学等一系列自然科学的新发展，特别是三大发现——细胞学说、能量守恒和转化定律以及达尔文进化论，使人们对自然过程普遍联系的认识有了飞跃的进展，为普遍联系的哲学观点奠定了自然科学基础。20 世纪以来，自然科学的新成就推动人们对世界的普遍联系有了更具体、更深刻、更精确的认识：相对论深刻揭示了物质、运动、时间、空间、质量、能量之间的有机关系；量子力学说明了物体由粒子构成一个不可分割的、相互联系的整体；现代物理学揭示了原子、原子核内部微观粒子互相联系和互相作用的结构；分子生物学发现了所有生物的遗传物质都有着共同的分子结构和基本相同的遗传机制，比之前的细胞学说更加深刻地揭示了生物界的内在联系；现代科学认为信息过程就是物质世界普遍联系、相互作用的一个方面；人类社会全球化进程也再次证明了普遍联系观点的正确性。随着市场化、社会化、国际化、信息化、城市化的发展，当今世界已进入全球化时代，不但使每个国家、每个国家的每个地区、每个国家的每个企业和经济部门都形成了一个互相联系、互相依存、谁也离不开谁的整体，还形成了全球化的市场经济。这些都深刻全面地揭示了世界的普遍联系性。

——肯定事物的普遍联系，并不否定事物的相对独立性。什么是独立性？就是指每一个具体事物都因同其他事物有质的不同而互相区别，有自己独特的存在、发展的历史。否认事物的普遍联系性是片面的，否认事物的独立性也是片面的。然而，独立性是相对的，联系性是绝对的，任一事物的独立性只是整体联系中的一个环节、一个局部。形而上学片面夸大事物的独立性，使之绝对化，把事物及其过程从世界的总体联系中割裂开来，当作彼此隔绝、毫不相干、孤立自在的东西。"鸡犬之声相闻，民至老死不相往来。"[27]这种小国寡民的观念，否认事物的普遍联系。"只见树木，不见森林"，"闭关锁国"，"关起门来搞建设"等，就是形而上学的孤立的思维方式。我国的对外开放政策，就是以普遍联系的哲学观点为依据的。

——世界是普遍联系的，联系具有普遍性和客观性，但事物之间的联系及其形式又是多种多样的。外部联系和内部联系、本质联系和非本质联系、必然联系和偶然联系、主要联系和次要联系、直接联系和间接联系……这些联系对事物的存在和发展所起的作用是不同的。内部的、本质的、必然的和主要的联系决定事物的基本性质及其发展的基本走向和趋势，而外部的、非本质的、偶然的和次要的联系则只能加速或延缓事物的发展，影响和干扰事物变化的基本走向和趋势。

物质世界联系的普遍性、客观性和多样性决定了任何事物都受具体的历史条件的限制和制约。

什么是条件？条件就是影响、制约、决定一事物存在和发展的一切因素，包括该事物同与它相关的事物之间的全部关系的总和。条件分事物的外部条件和内部条件。这里就产生了外因论与内因论、决定论与非决定论的区别。

——辩证法是内因与外因的辩证统一论。毛泽东在《矛盾论》中讲到外因是变化的条件、内因是变化的根据、外因通过内因而起作用的道理时，形象地比喻鸡蛋因得适当的温度而变成鸡子，但温度不能使石头变成鸡子，把外因与内因的辩证关系讲透了。内因是变化的根据，但否定外因的作用也是不可以的。任何事物都不能离开其外部联系即存在条件，尽管外部条件不是事物变化的最根本因素，但没有了外部条件，事物的变化也是不可能的。没有适当的温度，鸡蛋也不能变成鸡子。

任何事物都不能离开其存在的条件而存在和发展，这就是条件决定论。我们思考问题、做事情要充分估计到条件的作用，具体地分析外部条件和内部条件、客观条件和主观条件、有利条件和不利条件。不顾条件的许可，离开条件想问题，只能是空想、瞎想，不顾条件办事情，就会成为乱撞乱碰的鲁莽家。当然，条件也是可以改变的，经过人们的努力，可以变不利条件为有利条件，或者创造出需要的新条件。借口条件不具备而不去努力无所作为，做条件的奴才，也是不对的。当然，人们不能为所欲为地去改变或创造条件，须知有些条件是可以改变、可以创造的，有些条件是无法改变或创造的，或在一定时间内是无法改变或创造的。

——**辩证法坚持决定论，反对非决定论。决定论和非决定论是事物普遍联系问题上的两种根本对立的观点。**承认事物联系的客观性、普遍性，认为人们的行动受事物固有联系的条件制约，只有遵循事物本身固有的必然联系、遵循事物本身固有的规律进行活动，才能达到预期结果，这就是决定论。相反，否认事物普遍联系的客观性和普遍性，离开事物固有联系、固有规律的前提，认为人可以为所欲为、随心所欲，这在哲学上就是非决定论。

——**辩证法所讲的决定论是辩证决定论，而不是机械决定论。**辩证决定论既坚持事物联系的客观性、普遍性以及事物联系对人的行动的制约和影响，同时又承认事物联系形式的多样性和人的行为的自觉能动性。它认为不能仅仅把事物多种多样的联系形式归结为单一的、机械的、不变的唯一外部的联系形式，排斥内因的作用，排斥偶然性的存在，排斥人的主观努力。机械决定论很容易走向宿命论，即认为世界上一切事物都是命中注定的，是不可抗拒、不可改变的。坚持辩证唯物主义决定论，不但要反对非决定论，还要克服机械决定论的缺陷，既注意事物联系形式的多样性，又充分发挥自觉能动性。只有这样，才能正确地认识和改造世界。

事物是普遍联系的，这就要求人们从普遍联系的观点出发看问题，也就是坚持认识的全面性，反对认识的孤立性，防止思想上的片面性。

用全面的观点认识事物、分析事物、把握事物，照普遍联系的客观辩证法办事，就不会犯低级的错误。在坚持辩证法、肯定事物的普遍联系的同时，也要反对折中主义。列宁说过："辩证法要求从相互关系的具体的发展中来全面地估计这种关系，而不是东抽一点，西抽一点。"[28] 折中主义把事物的一切联系和关系等同看待，不分内外，不分主次，不分本质与非本质，把事物没有内在联系的某些方面拼凑起来，这种做法貌似全面，实际上是用非本质的、次要的联系来掩盖本质的、主要的联系，从而模糊事物的本质的本来面貌。折中主义是反辩证法的形而上学的一种表现。

三、一切事物都是运动、变化和发展的
——赫拉克利特"一切皆流"说与发展的观点

大约在公元前 7 世纪至公元前 6 世纪，古希腊已由原始的公有制转变为人类历史上第一个私有制即奴隶制社会。古希腊的奴隶制国家是以城邦政治形式出现的。公元前 8 世纪至公元前 6 世纪，在地中海沿岸出现了许多重要的希腊城邦。在希腊本土东边即小亚细亚沿海一带有一个爱菲斯城，产生了一名唯物主义哲学家——赫拉克利特（Heraclitus，前 530—前 470 年），列宁称他是"辩证法的奠基人之一"[29]。赫拉克利特提出了关于对立面的和谐与斗争的学说，还提出了"一切皆流"的观点，即一切都处于永恒的运动、不断的变化和持续的发展之中，绝对静止的东西是不存在的。他认为："我们踏进又没有踏进同一条河流，我们存在又不存在"。当然，赫拉克利特并没有因此而陷入相对主义，他也看到了运动与静止的对立统一关系。孔子讲："子在川上曰：'逝者如斯夫。'"[30] 孔子（前 551—前 479 年）揭示了事物一切皆过去，就如同流水一般，讲的也是万事万物处于变化之中。

世界不是僵死不变的，宇宙间的一切事物都处于永恒的

产生和消亡之中，处于永无休止的运动、变化和发展之中。发展的观点是辩证法的又一个基本原则。

发展的观点包括关于事物运动、变化和发展的看法。

——运动，是物质世界万事万物的普遍存在方式，物质世界万事万物的运动是一般的、普遍的。一切事物都是运动的，运动是绝对的，静止是相对的。宇宙间发生的机械运动、物理现象、化学变化、生命过程、社会发展以至思维活动等一切变化发展的过程，无一不是物质运动的表现形式，没有不运动的物质，也没有物质是不运动的。

——变化，是物质运动的量的增减或质的变动。物质在运动过程中的转化造成了物质运动的千姿百态，也造成了物质运动的多种多样。当然，变化可以是上升的、前进的运动，也可以是下降的、倒退的运动。

——发展，是事物的一种运动状态，但又不是事物的一般的运动状态，而是特指事物向前的、向上的、由低级向高级进步的、不断推陈出新的运动；是量变到质变的进展，是旧事物的衰亡和新事物的产生的过程，是波浪式的前进和螺旋式的上升，是由低级形态向高级形态的前进、上升运动。离开了唯物辩证法的发展观，就会陷进主观主义、形而上学的误区。

我们党所提倡的科学发展观从本质上说是一种辩证的发

展观，是建立在唯物辩证法发展观的哲学基础之上的，是马克思主义关于发展的世界观方法论的集中体现。

全面的、协调的、可持续的发展，就是事物发展的辩证运动过程。事物发展如此，社会发展也如此。在经济社会发展问题上，存在一种轻视经济社会和人的全面、协调、可持续发展的倾向，这是一种片面的发展观念。在片面发展观念指导下的发展，是不平衡、不协调、不可持续的畸形发展。推进社会发展就要推进经济社会全面、协调、可持续地辩证发展。

——辩证的发展就是经济社会对立统一的发展。发展就是事物内部矛盾不断产生、发展和解决的过程，辩证的发展就是经济社会对立统一的发展过程。运用辩证法，统筹经济社会发展，就一定要认识到社会是在经济、政治、文化的矛盾运动中，在生产力与生产关系、经济基础与上层建筑的矛盾运动中，在各类社会矛盾的运动中发展的。斯大林（1879—1953年）在领导苏联社会主义建设和发展过程中既取得了不小成就又存在严重失误，一个重要教训就是没有全面、准确地认识和处理苏联社会主义经济社会发展中的一系列矛盾，在经济社会发展上曾追求片面的发展，致使苏联经济社会发展极端不协调，矛盾逐步积累、恶化，直至激化。社会健康发展的过程就是正确认识这些矛盾并加以解决的过程。一定要高度重视和认识我国经济社会生活中存在的矛盾，发现矛盾，准确判断矛盾，运用适当的办法解决矛盾，在解决矛盾的过程中推进科学发展。

——辩证的发展就是经济社会全面的发展。任何事物的发展都是一个系统的过程，系统的有机组成要素在发展中相互联系、相互制约、相互作用，构成了系统的整体发展。辩证的发展应当是全面的、保持内在各要素相对平衡的发展，而不是片面的、畸形的、单一要素突进的发展。社会发展是一个系统工程，必须全面兼顾社会发展系统的各个组成要素，不能搞单打一，不能存在发展短板，要坚持经济、政治、文化各构成要素全面发展，推动社会整体进步。

——辩证的发展就是经济社会协调的发展。一事物不是孤立存在的，而是在与他事物的普遍联系中存在的，一事物离开与他事物的联系，就谈不上存在，更谈不上发展。普遍联系，实质上就是讲，事物的发展必然是兼顾的、对称的，照顾他方的发展，否则就是畸形的发展，甚至是停顿和倒退。辩证发展是讲协调的，单纯的经济增长不会自动保证社会公正、公平、和谐、稳定等社会协调发展的综合目标的实现。只要经济增长，忽视统筹其他因素的发展，最终还是会拖住经济发展的后腿，这已被世界上许多国家发展的历程所证明。

——辩证的发展就是经济社会可持续的发展。任何一事物的发展，包括社会发展，一定要有发展的潜力和后劲，要有可持续的发展能力，辩证发展又是可持续的发展。从世界各国发展的历史和现实来看，保持可持续的发展必须注重三种资源的可持续性：一是物的资源。自然、环境等物的资源，能否支持经济社会的可持续发展，是必须考虑的发展战略问题。二是人文资源。人才资源是第一资源，知识、信息、思想、道德、文化等人文资源也是不可或缺的同物的资源同等重要的资源。如果对教育科技文化卫生等投入不足，对精神文明建设不重视，人才资源、信息资源、文化资源、道德资源、思想资源、知识资源也会面临枯竭和耗尽。人文资源的缺乏比物的资源缺乏更为可怕。在世界发展史上，很多物的资源匮乏的小国，靠人文资源发展很快。三是政治资源。良好的民主政治、健全的法律体系、稳定的政治格局、坚强的领导核心，这些都是支持可持续发展的必不可少的政治资源。任何一个政治动荡、秩序紊乱、政治文明不发达的国家都是无法正常持续发展的。轻视物的资源不行，轻视人文资源、政治资源也不行。

辩证法承认事物是运动、变化和发展的，而形而上学是否认事物运动、变化和发展的，它只看到一个事物的存在而看不到它们的产生和消亡，只看到它们的静止而看不到它们的运动，把一切都当作永恒不变的东西，这是不符合客观存在的辩证法规律的。认识事物，就要认识事物的辩证发展规律；促进事物发展，就要把握事物的辩证发展规律，照辩证发展规律来办事。

客观事物是永恒运动、不断变化、持续发展的，这就要求我们必须用发展的眼光看问题，反对用静止的眼光看问题，防止思想僵化，要不断地解放思想、创新观念。

在推进我国社会主义现代化的进程中，新东西层出不穷，人们必须不断地使认识跟上变化了的客观情况，以适应我国社会主义现代化建设的需要。如果满足于老经验，固守老框框，就会耽误事业发展。

四、事物往往是作为系统而存在、变化的
——都江堰、阿波罗登月与系统的观点

20世纪70年代以来，一股系统研究的热潮在全世界蓬勃兴起，至今仍然势头不减。一时间，一系列冠以"系统"名称的新术语，如系统理论、系统科学、系统工程、系统分析、系统思想、系统观点等不胫而走，渗透到科学研究和人类实践的各个领域。

都江堰是中国公元前256年在岷江修筑的著名水利工程，阿波罗登月是1969年美国第一次把人类送上月球的科

学伟业。两件事，一个地上，一个天上；一个在古代，一个在现代；一个在中国，一个在外国，但是这两个天地分隔、远越古今、跨越中外的事件，却常常被人们作为系统思想的案例相提并论，津津乐道。

让我们先从都江堰说起。公元前 256 年秦昭襄王在位期间，蜀郡郡守李冰（前 302—前 235 年）率领蜀地各族人民创建了都江堰这项千古不朽的水利工程。都江堰主要由鱼嘴、飞沙堰、宝瓶口三大主体工程与一百二十多项系列辅助工程构成。"鱼嘴"是都江堰的分水工程，因其形如鱼嘴而得名，它昂头于岷江江心，把岷江分成内外二江。西边叫外江，是岷江正流，主要用于排洪；东边沿山脚的叫内江，是人工引水渠道，主要用于灌溉。飞沙堰的作用主要是泄洪排沙，当内江的水量超过宝瓶口流量上限时，多余的水便从飞沙堰自行溢出；如遇特大洪水的非常情况，它还会自行溃堤，让大量江水回归岷江正流。飞沙堰的另一作用是"飞沙"，岷江从万山丛中急驰而来，挟着大量泥沙、石块，如果让它们顺内江而下，就会淤塞宝瓶口和灌区。宝瓶口是前山（今名灌口山、玉垒山）伸向岷江的长脊上人工开凿的一个口子，是控制内江进水的咽喉，起着"节制闸"的作用，能自动控制内江的进水量，而且由于它的束水作用会形成涡流，岷江携带的泥沙就会通过飞沙堰而排泄掉，因它形似瓶口而功能奇特，故名宝瓶口。鱼嘴、飞沙堰、宝瓶口三者巧妙结合，相互制约，协调运行，引水灌田，分洪减灾，具有"分四六，平潦旱"的神奇功效，科学地解决了江水自动分流、自动排沙、控制进水流量等问题，消除了水患，使川西平原成为"水旱从人"的"天府之国"。

都江堰是全世界迄今为止年代最久、唯一留存、以无坝引水为特征的宏大水利工程。其至今之所以仍能使中外专家、学者和游人无不拍手叫绝，最重要的就是它生动体现了系统各个组成部分之间结构独特、相互配合、相互制约、协调运行的系统思想。著名科学家钱学森（1911—2009年）曾多次以都江堰为例，说明早在中国古代就产生了系统思想，并指出人类在知道系统思想、系统工程之前，就已经在进行辩证思维了。这正如恩格斯所说："人们远在知道什么是辩证法以前，就已经辩证地思考了。"[31]

阿波罗计划（Apollo Project），又称阿波罗工程，是美国从1961年到1972年从事的一系列载人登月飞行任务。第二次世界大战结束后，处于冷战中的美国和苏联开始了刀光剑影的太空争霸战，美国和苏联都相信，谁有能力先将卫星和人类送入太空，谁就是超级大国的象征。1961年4月12日，苏联宇航员加加林（Gagarin，1934—1968年）乘坐"东方1号"宇宙飞船环绕地球飞行一圈，成为人类历史上首位进入太空的人。这件事使美国深受震撼，深感在太空竞赛中落后于苏联，于是加快了与苏联在太空技术中竞争的步伐。1961 年 5 月 25 日，美国总统肯尼迪（Kennedy，1917—1963 年）在国会上向世界宣布："美国将在十年之内致力于将人送上月球，并将其安全送返地球。"自此美国开始实施雄心勃勃的载人登月工程，即阿波罗计划。1969 年 7 月 20 日，美国航天员阿姆斯特朗（Armstrong，1930—2012 年）、奥尔德林（Aldrin，1930 年—　）和科林斯（Collins，1930 年—　）驾驶阿波罗 11 号飞船，成功登陆月球。地球上的十几亿人通过电视实况转播，目睹了阿姆斯特朗缓缓走下飞船，成为世界上第一个踏足月球的人。此后，从 1969 年到 1972 年，美国又先后把 12 名航天员送上了月球。阿波罗登月计划实施历时约 11 年，耗资 255 亿美元，使用的零部件高达 700 多万个，参加此项工程的有 2 万家企业、200 多所大学和 80 多个科研机构，总人数超过 30 万人。对于这样一个内容庞杂、规模巨大、成本昂贵、科技先进的项目，如何合理设计、组织安排，如何最经济、最有效地如期实现预定目标，成为传统科学方法所无法胜任的艰巨课题。而美国系统开发公司通过运用系统思想方法和系统工程，为阿波罗登月进行了有效的系统设计，为解决这一复杂大系统问题提供了根本保证。

阿波罗计划成为世界航天史上具有划时代意义的一项成就，而为阿波罗工程的组织实施和圆满成功提供保障的系统工程也从此名声大噪，随之世界上出现了系统思想研究的热潮。

这样，人们把都江堰称为中国古代一项杰出的系统工程，把阿波罗登月称为当代一项伟大的系统工程。系统工程方法作为设计新系统的科学方法，通过对系统各个组成部分的分析综合，研究它们之间的相互关系，研究各个局部对系统整体的影响，规划和设计大系统，使整个工程达到综合平衡，性能良好，功能优化，协调运行。系统工程的精髓就是对系统思想的运用。也正是由于这样的原因，都江堰工程与阿波罗登月计划成为人们在谈论系统思想时常常提起的两个经典案例。人们发现，系统思想这一体现着辩证法智慧的方法，既源远流长，又新颖时尚。

事物往往是作为系统而存在变化的，无论自然界还是人类社会，都是如此。系统思想不过是人们对于作为系统而存在、变化的事物的客观辩证法的正确反映。

物质世界是普遍联系的，一事物不仅同它周围的事物互相联系、互相作用着，而且其自身内部各种要素、部分也总是处于互相联系、互相作用之中，从而构成一个统一的整体，即系统。在普遍联系的物质世界中，一切事物都是作为系统而存在、发展、变化的。从基本粒子到巨大的宇宙体，都是系统；从生物的分子、细胞、生物体、生物群、生物圈到生态体系，都是系统；从社会的家庭、企业、群体、利益集团、阶层、阶级到国家，都是系统；从生产力与生产关系、经济基础到上层建筑，也都是系统。

系统思想是一种体现现代科学思想的辩证思维方式。系统思想在中国得到广泛传播和为人们所熟知，得益于世界著名科学家、中国"航天之父"钱学森的大力倡导。钱学森以提倡系统工程、系统思想和创立复杂巨系统理论而著称于世。钱学森为什么要大力倡导系统思想呢？他认为，"马克思主义哲学是智慧的源泉"，"辩证唯物主义体现的物质世界普遍联系及其整体性的思想，也就是系统思想"[32]。自然界、人类社会都是作为系统而存在的，复杂系统几乎无所不在，而系统思想则为人类认识和解决复杂系统问题提供了锐利的认识工具。

系统思想是唯物辩证法的基本思想。

系统思想在当代的兴起虽然与系统科学紧密相关，但与哲学却有着源远流长的不解之缘。早在古希腊时期，德谟克利特（Democritus，前460—前370年）就著有《宇宙大系统》一书。被马克思称为伟大思想家的哲学家亚里士多德（Aristotle，前384—前322年）提出了"整体不等于部分的总和"的著名命题，这一命题至今仍被看作关于系统理论基本原则的体现。在中国战国时期产生的五行说认为，宇宙万物及各种自然现象都由金、木、水、火、土五种要素相生相克的运动变化所构成，体现了一种原始的系统观念。唯物辩证法中有着更为丰富的系统思想。在创立唯物辩证法的过程中，马克思和恩格斯不仅大量地使用了"系统"概念，而且已经把系统思想作为认识和研究自然界和人类社会的重要思想方法。

马克思、恩格斯在他们的著作中明确提出和多次使用过"系统""有机系统"等概念。马克思在分析社会经济现象时就曾指出："这种有机体制本身作为一个总体有自己的各种前提，而它向总体的发展过程就在于：使社会的一切要素从属于自己，或者把自己还缺乏的器官从社会中创造出来。有机体制在历史上就是这样生成为总体的，生成为这种总体是它的过程即它的发展的一个要素。"[33] 这一论述不仅在严格意义上使用了"系统"概念，而且对系统与要素的关系、系统的整体性、系统的演化和自组织问题，都作出了生动阐述和说明。

恩格斯也大量使用过系统概念。例如，他在谈到物质能量守恒定律、细胞学说和达尔文进化论揭示了自然界的普遍联系时就指出："由于这三大发现和自然科学的其他巨大进步，我们现在不仅能够指出自然界中各个领域内的过程之间的联系，而且总的说来也能指出各个领域之间的联系了，这样，我们就能够依靠经验自然科学本身所提供的事实，以近乎系统的形式描绘出一幅自然界联系的清晰图画。"[34]

马克思、恩格斯在对人类社会和自然界的研究中，大量运用了系统思想的方法。在《资本论》中，马克思为了从整体上达到对资本主义社会系统的认识，以分析与综合的辩证结合为手段，剖析了资本主义社会系统的内部结构，以清晰的理论形式再现了资本主义社会系统这一整体，从而树立了以系统思想认识复杂客体的典范。恩格斯在《自然辩证法》一书中的许多论述也涉及对系统的整体性、结构性、层次性的阐发和运用。系统思想成了他们唯物辩证法方法论的重要组成部分。列宁曾经指出：马克思和恩格斯称之为辩证方法的科学方法，"把社会看做处在不断发展中的活的机体（而不是机械地结合起来因而可以把各种社会要素随便配搭起来的一种什么东西），要研究这个机体，就必须客观地分析组成该社会形态的生产关系，研究该社会形态的活动规律和发展规律"[35]。列宁这里对马克思、恩格斯辩证方法的科学说明，正是唯物辩证法系统思想的生动体现！

正是由于马克思、恩格斯对系统思想方法的这种重要贡献，很多现代系统理论的研究者都认为马克思是系统方

法的创始人。一般系统论的创始人贝塔朗菲（Bertalanffy，
1901—1972 年）就曾指出：马克思是为系统理论作出贡献的
先驱之一 [36]；美国学者麦奎里（McQuarrie，1937—2009 年）
等人认为，马克思的"理论工作的主要部分都可以看作是
富有成果的现代系统方法研究的先声" [37]；波兰学者把马克
思称为"社会科学中现代系统方法的始祖" [38]。钱学森也指
出："局部与全部的辩证统一，事物内部矛盾的发展与演变
等，本来就是辩证唯物主义的常理；而这就是'系统'概念
的精髓。" [39]

**系统思想是对现代系统科学的最新思维成果的哲学新
概括。**

钱学森在对一般系统论、控制论、信息论、系统工程、
信息技术、自动化技术、耗散结构理论、协同学、超循环理
论、混沌理论等现代新学科进行综合考察研究的基础上认
定："应该回到系统这一根本概念" [40]，"系统的思想要建立
起一个完整的科学体系" [41]。钱学森提出，从系统科学通向
哲学有一个由此达彼、沟通双方的桥梁，这就是系统观。钱
学森把系统观与马克思主义经典作家的系统思想结合起来，
实现唯物辩证法和当代科学思维成果的结合，进一步丰富和
充实了马克思主义哲学系统观。

五、事物总是作为过程而存在、发展的
——曹操《龟虽寿》与过程的观点

近年来，围绕着曹操墓的发掘，在考古界引发了一场真假曹操墓的争论，这场热议把曹操（155—220年）这个历史人物再次炒热。曹操虽然死了一千七百多年了，但曹操的确是家喻户晓的历史名人。他不仅是《三国志》史书中、《三国演义》章回小说中以及戏剧、电视剧、电影、连环画、卡通片中栩栩如生的人物，更是中国历史上值得历史学家反复追记且争论不休的历史人物。在戏剧中，曹操被程式化地设计为"白脸"奸雄；在历代文字记载中，他又被描绘为反叛窃国的奸佞小人。然而历史事实并非如此。毛泽东、郭沫若都曾为曹操翻过案，以还曹操本来的历史面貌。

在历史上，曹操不仅是东汉著名的军事家、政治家，也是著名的诗人。他的乐府诗《龟虽寿》震撼文坛，流传至今："神龟虽寿，犹有竟时。腾蛇乘雾，终为土灰。老骥伏枥，志在千里；烈士暮年，壮心不已。盈缩之期，不但在天；养怡之福，可得永年。幸甚至哉，歌以咏志。"该诗富于哲理，笔调兴会淋漓，有一种真挚而浓烈的感情力量，阐发了诗人的人生态度。写这首诗时，曹操刚击败袁绍父子，平定北方乌桓，

踌躇满志，乐观自信，充满建功立业的豪情壮志。更可贵的价值在于《龟虽寿》开辟了一个诗歌的新时代。汉武帝（前156—前87年）罢黜百家，表彰《六经》，把汉代人的思想禁锢了三四百年，作为一世之雄而雅爱诗章的曹操，带头离经叛道，给文坛带来了自由活跃的空气。从哲学世界观的角度看，《龟虽寿》充满了哲理，展示了作者对事物运动变化发展的无限性和具体事物有始有终、有生有死发展的有限性的对立统一的认识。曹操通过这首诗认定一切事物的运动发展是无限的，而任何一个具体生命，再长寿也会死；而人将至死，还应保持一种向前奋斗的理想信念；表达了作者对生死的态度，展示了一种积极的人生观和生死观。

运动、变化和发展的一切事物都是作为过程而存在的。

毛泽东说："事物（经济、政治、思想、文化、军事、党务等等）总是作为过程而向前发展的。……这应当是马克思主义者的普通常识。"[42] 过程，从广义上来说，是整个宇宙运动、变化和发展无限性的进程；从狭义上来说，又是具体事物运动、发展、变化的具体过程的有限性的进程。就事物运动的无限性来说，整个宇宙的运动、变化和发展是无始无终的，既无来者，又无去者；而就具体事物运动的有限性来说，宇宙间的一切具体的、个别的事物的运动、变化和发展却又是有始有终的，既有头又有尾。

从狭义上论述的过程，即具体事物的具体过程，就是事物发生、发展直至灭亡的历史。譬如，无边无际谓之宇，无始无终谓之宙，故称宇宙。整个宇宙是无边无界、无始无终的，而具体的宇宙体又是有边有界、有生有死的。宇宙间任一具体天体都有生有死，地球、月球、太阳乃至银河系等，都是这样。"宇宙大爆炸说"也只是假设所能观察到的宇宙，即某一部分宇宙、某一个具体的宇宙体的形成原因。从客观上讲，世界万物都遵循能量守恒定律，而具体到个体的永动机却是不可能的。世界上的任何个别生物体都有生有死，"神龟虽寿，犹有竟时"，再长寿的龟，也有死的时候，长生不老的生物体是根本不存在的。"生死在天，富贵有命"，虽然有宿命论之嫌，但从另一个方面告诉我们，有的人早死，有的人晚死，某个人早死晚死是有偶然因素作用的，或病死，或因偶然事故而死，或终老无疾而亡，但死却是必然的。人是必然要死的，一切事物的具体存在都是一个有始有终、有边有界的过程。"中国人把结婚叫红喜事，死人叫白喜事，合起来叫红白喜事，我看很有道理。中国人民是懂得辩证法的。结婚可以生小孩，母体分裂出孩子来，是个突变，是个喜事。至于死，老百姓也叫喜事。一方面开追悼会，哭鼻子，要送葬，人之常情；另一方面是喜事，也确实是喜事。你们设想，如果孔夫子还在，也在怀仁堂开会，

他二千多岁了，就很不妙。"[43] 毛泽东说："一切事物总是有
'边'的。事物的发展是一个阶段接着一个阶段不断地进行
的，每一个阶段也是有'边'的。"[44] 任何一个具体事物都
有一个发生、发展、灭亡的辩证过程。

整个变化的世界就是由无数的变化过程所构成的，整个
世界的运动、变化、发展是普遍的、永恒的、无始无终的，
而具体事物的运动、变化和发展却又是有头有尾、有始有
终、有前有后、有生有死的一个过程。

辩证法大师黑格尔讲："凡是合乎理性的东西都是现实
的，凡是现实的东西都是合乎理性的。"[45] 他告诉我们，任
何历史的具体的东西都因具体历史条件而有其存在的必然理
由，也就是说，凡是现实存在的东西都有其合理存在的条
件。所谓合理，就是合乎必然规律、合乎存在之条件。而一
切现实存在的东西都会丧失其存在的条件，从而走向消亡，
这就是其不存在的必然理由。资本主义社会作为人类历史上
的一个发展阶段，有其产生、发展、兴盛的必然性，然而它
也必然会因丧失其存在的必然条件而走向灭亡。社会主义社
会也如此。我国现在正处于社会主义初级阶段，经过相当长
的历史过程，社会主义要由初级阶段走向中级阶段，乃至高
级阶段，最后也必然会被更高级的社会形态所代替。如果用
发展的观点看社会主义必然胜利和资本主义必然灭亡，就应

当是不言自明的道理了。

总之，历史存在的东西对其当时的存在条件来说，都有其存在的理由，都要经过或长或短的过程，在这个过程中都有其相对稳定性，但随着其存在条件的改变，该具体事物的发展过程就会终结，该事物就会丧失其存在的必然性，一事物就会转化为他事物。凡历史上产生的东西一定要走向灭亡，而在其发生的过程中就已经包含了灭亡的因素。人类历史进程中的任何一个时代造就的大国都会有一个兴衰的历史。中国历史上曾经产生的显赫于世的王朝——大秦、强汉、盛唐、康雍乾盛世，都已然经过了落日的辉煌。昔日"日不落"帝国——英国现在已经沦为美国的"马仔"，不可一世的超级大国——美国也会逐步走向衰落，2008年爆发的国际金融危机预示了美国的衰退趋势是不可避免的。一个过程的结束，就意味着另一个过程的开始，意味着新事物的出现，如此生生灭灭，循环不已，以至无穷。"事物总是有始有终的，只有两个无限，时间和空间无限。无限是由有限构成的，各种东西都是逐步发展、逐步变动的。"[46]恩格斯指出，唯物辩证法认为"世界不是既成事物的集合体，而是过程的集合体"[47]。在唯物辩证法面前，"不存在任何最终的东西、绝对的东西、神圣的东西；它指出所有一切事物的暂时性；在它面前，除了生成和灭亡的不断过程、无止境地由低级上升到高级的不断过程，什么都不存在。它本身就是这个过程在思维着的头脑中的反映"[48]。

唯物辩证法关于事物即过程的观点，具有重大的世界观和方法论的意义，用过程的观点看问题，就是要历史地看问题，用具体的、历史的观点看问题。

要认识事物，就要了解事物发展的全过程，看它是怎样由生到死、由兴到衰、由低到高，了解其现状、弄清其历史、搞明白它的来龙去脉，科学认识其产生、变化、发展、存在、消亡的条件。只有这样，才能正确地认识事物、把握规律、顺应趋势，从而正确地指导现实。看事物如此，看一个人、一个党、一个阶级也是如此。历史的观点，其科学价值也正在于此。因而，要历史地看问题，正确地、科学地揭示历史规律，总结历史经验，以史为鉴，为现实而研究历史，而不是为历史而历史、为考古而考古。

结　语

学习辩证法，就要学会用辩证思维方式认识事物，其根本任务在于从万事万物复杂多变的现象和纷繁复杂的联系中找出其固有的辩证规律，认识事物的规律性，以此作为人们行动的向导，使人们能够照规律办事，有效地改造世界。人们运用辩证思维，认识和把握事物的规律，就可以在实践中预见事物的出现和未来发展趋势，就可以利用、改变和创造条件，发挥和限制规律的作用，使事物向好的方向发展，有目的地按照客观事物的本来面目、按照事物的发展趋势来改造世界。总之，就可以坚定理想、信念，就可以增强工作的预见性、超前性和创造性。譬如，对资本主义必然灭亡、社会主义必然胜利的必然规律的正确认识，就可以坚定人们的理想、信念。而认识了其发展规律，就可以按规律办事，做社会历史发展的促进派。当然，在中国特色社会主义建设的具体过程中，我们也要学会按规律办事，不要办违背规律、受规律惩罚的事。

注　释

1　《史记·老子韩非列传》。

2　刘禹锡:《乌衣巷》。

3　《二程遗书·卷十一》。

4　《道德经》第四十章。

5　王夫之:《船山思问录·外篇》。

6　《道德经》第五十八章。

7　《道德经》第四十章。

8　《列宁专题文集　论辩证唯物主义和历史唯物主义》，人民出版社2009年版，第137页。

9　《马克思恩格斯文集》第9卷，人民出版社2009年版，第149页。

10　《列宁全集》第55卷，人民出版社1990年版，第128页。

11　宋玉：《风赋》。

12　《马克思恩格斯文集》第9卷，人民出版社2009年版，第401页。

13　《列宁专题文集　论辩证唯物主义和历史唯物主义》，人民出版社2009年版，第142页。

14　《毛泽东文集》第七卷，人民出版社1999年版，第200页。

15　《江泽民同志在学习〈邓小平文选〉第三卷报告会上的讲话》，《人民日报》1993年11月4日。

16　江泽民给中共中央政治局、书记处和军委诸同志的批示（1995年5月8日）。

17　江泽民在中央思想政治工作会议上的讲话（2000年6月28日）。

18　《十四大以来重要文献选编》（上），人民出版社1996年版，第39—40页。

19　江泽民在长春主持召开东北三省党的建设和"十五"期间经济、社会发展座谈会时的讲话（2000年8月27日）。

20　江泽民：《论党的建设》，中央文献出版社2001年版，第536—537页。

21　胡锦涛：《在"三个代表"重要思想理论研讨会上的讲话》，人民出版社2003年版，第6页。

22　胡锦涛：《在庆祝中国共产党成立90周年大会上的讲话》，人民出版社2011年版，第12页。

23　习近平：《深入学习中国特色社会主义理论体系　努力掌握马克思主义立场观点方法》，《求是》2010年第7期。

24　《列宁专题文集　论辩证唯物主义和历史唯物主义》，人民出版社

2009 年版，第 139 页。

25 《毛泽东选集》第一卷，人民出版社 1991 年版，第 312 页。

26 《马克思恩格斯文集》第 9 卷，人民出版社 2009 年版，第 23 页。

27 《道德经》第八十章。

28 《列宁专题文集 论辩证唯物主义和历史唯物主义》，人民出版社 2009 年版，第 310 页。

29 《列宁全集》第 55 卷，人民出版社 1990 年版，第 296 页。

30 《论语·子罕》。

31 《马克思恩格斯文集》第 9 卷，人民出版社 2009 年版，第 150 页。

32 钱学森等：《论系统工程》（增订版），湖南科学技术出版社 1988 年版，第 77 页。

33 《马克思恩格斯全集》第 30 卷，人民出版社 1995 年版，第 237 页。

34 《马克思恩格斯全集》第 21 卷，人民出版社 1965 年版，第 339 页。

35 《列宁专题文集 论辩证唯物主义和历史唯物主义》，人民出版社 2009 年版，第 185 页。

36 参见庞元正、李建华：《系统论、控制论、信息论经典文献选编》，求实出版社 1989 年版，第 134 页。

37 《马克思和现代系统论》，《国外社会科学》1979 年第 6 期。

38 《马克思和现代系统论》，《国外社会科学》1979 年第 6 期。

39 上海交通大学编：《智慧的钥匙——钱学森论系统科学》，上海交通大学出版社 2005 年版，第 79 页。

40 钱学森等：《论系统工程》，湖南科学技术出版社 1982 年版，第 186 页。

41 钱学森等：《系统理论中的科学方法与哲学问题》，清华大学出版社 1984 年版，第 10 页。

42 《毛泽东文集》第八卷，人民出版社 1999 年版，第 348 页。

43 毛泽东：《在八大二次会议上的第三次讲话》（1958 年 5 月 20 日）。

44 《毛泽东文集》第八卷，人民出版社 1999 年版，第 108 页。

45　黑格尔:《法哲学原理》,商务印书馆 1961 年版,序言,第 11 页。

46　《毛泽东文集》第七卷,人民出版社 1999 年版,第 375 页。

47　《马克思恩格斯文集》第 4 卷,人民出版社 2009 年版,第 298 页。

48　《马克思恩格斯文集》第 4 卷,人民出版社 2009 年版,第 270 页。

学会矛盾分析方法

——对立统一规律

矛盾存在于一切事物之中，贯穿于一切事物发展的任何过程、任何阶段，是一切事物发展的内在源泉。事物矛盾双方既统一又斗争，推动事物运动、变化和发展，这是事物生生不息、不断运动、变化和发展的根本内因。

矛盾始终贯穿一切事物的全过程，矛盾规律是宇宙间的普遍规律，矛盾是辩证法的实质和核心。矛盾观点是唯物辩证法的根本观点，矛盾分析是辩证法的根本方法，要学会用矛盾观点分析、认识和解决问题。

一、矛盾规律是事物存在和发展的根本法则
——《周易》和阴阳两极对立统一说

矛盾是辩证法的关键词。

说到矛盾概念，恐怕要从韩非说起。韩非（前281—前233年）是战国晚期韩国人（今河南新郑，新郑是郑韩故城），韩王室诸公子之一，是战国末期带有唯物主义色彩的哲学家，是法家思想的集大成者。《史记》记载，韩非精于"刑名法术之学"，与秦相李斯（约前284—前208年）都是

荀子的学生。韩非因为口吃而不擅言语，但文章出众，连李斯也自叹不如。他的著作很多，主要收集在《韩非子》一书中。

韩非的文章构思精巧，描写大胆，语言幽默，于平实中见奇妙，具有耐人寻味、警策世人的艺术效果。他的《孤愤》《五蠹》《说难》《说林》《从内储》五书，十万余言，字里行间，叹世事之艰、人生之难，阅尽天下，万千感怀，充满哲理。韩非善于运用大量浅显的寓言故事和丰富的历史知识作为论证资料，说明抽象的道理，形象化地体现他的哲学思想和对社会人生的深刻认识。他文章中的很多寓言，因其丰富的内涵、生动的故事，成为脍炙人口的成语典故，至今为人们广泛运用。《韩非子·难一》讲了一个"楚人有鬻盾与矛者"的故事，阐发了矛盾概念。故事大意是：有个卖盾和矛的楚国人，夸他的盾说："我的盾坚固无比，任何锋利的东西都穿不透它。"又夸耀自己的矛说："我的矛锋利极了，什么坚固的东西都能刺穿。"有人问他："用您的矛来刺您的盾，结果会怎么样呢？"刺不破的盾和什么都刺得破的矛构成逻辑矛盾，那人便答不上话来了。当然，韩非这里讲的矛盾，是违反形式逻辑所造成的逻辑矛盾，这同辩证法讲的矛盾不完全是一回事。但借意引申来看，以子之矛攻子之盾，这就是矛盾。

　　周文王（前 1152—前 1050 年）是很早就用矛盾观点看世界的中国古代政治家。据记载，中国历史上曾发生过一则著名的"文王拘而演周易"的历史活剧。周文王，姓姬名昌，史称西伯，是商末周族领袖，深得人民拥戴。昏庸残暴的商纣王（前 1105—前 1046 年）听信谗言，将姬昌囚禁于当时的国家监狱——羑里城（地处现在的河南省安阳市汤阴县境内）。纣王为了从精神上把姬昌彻底压垮，杀害了他的长子伯邑考，烹作肉羹强令姬昌喝下。姬昌胸怀灭商大志，忍辱负重，只得咽下这揪心裂肺的人肉汤，然后再含泪呕吐。整整七年时间，在两千多个日日夜夜里，文王用监狱地上长的蓍草作为工具，克服了难忍的侮辱和锥心的苦痛，以巨大的毅力和智慧，潜心将中国古代先人伏羲的先天八卦改造成后天八卦。他把世上千变万化纷纭、复杂的事物，抽象为阴阳两个对立统一的基本范畴，从自然界选取了天、地、雷、风、水、火、山、泽八种自然物，以阴阳两极对立统一的转化发展作为万物生成的根源，作为自然和人类社会形成的根本原因，从阴阳两极贯穿在八种自然物的对立统一转化生成中，推演出自然和人类社会的发展进程，从而将八卦演绎成六十四卦和三百八十四爻，探索形成了以矛盾观点为核心内容的阴阳八卦变化说，完成了《周易》这部被奉为"群经之首"的千古不朽的著作。

《周易》尽管有迷信、神秘的唯心主义形式和外壳，但对阴阳两极对立统一的中国古代矛盾思想却作了最早的、最明晰的阐述，提出阴阳两极、对立统一、刚柔相对、变在其中的朴素辩证法思想和矛盾观。阴阳两极矛盾观点的思维方式贯穿《周易》的始终，《周易》据此抽象出阴阳、乾坤、天地、男女等一对又一对充满矛盾的范畴，按照对立统一规律变化演绎出事物无穷无尽的发展，排列出符合自然和人类社会按矛盾规律进化的过程。

除了中国殷周时的《周易》认为万事万物都是由阴阳两极矛盾转化而成的以外，中外历史上的许多思想家已经不同程度地观察到了自然界和社会生活中的各种各样的矛盾现象，并力图从哲学上概括这种规律。譬如，春秋墨子（前468—前376年）断定"物生有两"，老子认为"万物负阴而抱阳，冲气以为和"[1]。宋朝朱熹（1130—1200年）认为"凡物便有两端"。中国古代辩证法家很早以来就用"阴、阳""两端""两""对""和"等概念来说明矛盾现象。古希腊哲学家赫拉克利特认为，"互相排斥的东西结合在一起"，"自然是由联合对立物造成最初的和谐"。德国古典哲学家黑格尔说："既对立又统一，这就是矛盾。一切事物其本质自身中都具有矛盾。"

对立统一观点是对立统一普遍规律的高度抽象，是唯物辩证法的实质和核心。

马克思主义哲学继承了辩证法思想的优秀传统，把普遍存在的矛盾现象概括为对立统一规律。唯物辩证法认为自然、社会和人类思维有三大规律，即质量互变规律、否定之否定规律和对立统一规律，对立统一规律是其中最根本的规律。列宁认为，事物运动、变化和发展是"对立面的统一（统一物之分为两个互相排斥的对立面以及它们之间的相互关系）"[2]，这是辩证唯物主义关于对立统一规律的精辟概括。马克思主义关于对立统一规律的哲学概括从根本上揭示了事物的存在状态和发展规律，说明了事物发展的根本原因。

毛泽东把对立统一规律形象地称为矛盾规律，把唯物辩证法的对立统一观点，概括为矛盾观点。

毛泽东是论矛盾的大师。早在 1937 年，为克服党内存在的严重的教条主义思想，他撰写了《矛盾论》，系统阐述了事物的矛盾法则即唯物辩证法的最根本法则。新中国成立后，1956 年 4 月 25 日至 28 日，在北京召开了中共中央政治局扩大会议，各省、市、自治区党委书记也参加了会议，这是新中国成立以来开得极为成功的一次重要会议。在会上，毛泽东作了一次极其重要的讲话，即后来《人民日报》12 月 26 日公开发表的《论十大关系》。毛泽东在讲话中，以苏联的经验为鉴戒，总结了中国的经验，提出了调动一切积极因素为社会主义事业服务的基本方针，对适合中国情况的社会主义建设道路进行了初步探索。《论十大关系》是运用对立统一观点即矛盾观点分析认识中国社会主义建设规律的典型范例。毛泽东在讲话中以矛盾观点和矛盾分析方法为武器，实事求是地分析了中国社会主义建设的十大关系：重工业、轻工业和农业，沿海工业和内地工业，经济建设和国防建设，国家、生产单位和生产者个人，中央和地方，汉族和少数民族，党和非党，革命和反革命，是和非，中国和外国等。十大关系问题就是关乎中国社会主义建设全局的十大矛盾。他说："这十种关系，都是矛盾。世界是由矛盾组成的。没有矛盾就没有世界。我们的任务，是要正确处理这些矛盾。"[3] 世界是辩证的，矛盾是辩证法的核心，辩证法的核心观点是矛盾观点。认识世界，必须用辩证法认识世界；用辩证法认识世界，必须用矛盾观点分析世界。

所谓矛盾，就是指事物内部的对立面的统一，即事物内部包含着相互联结、相互依存、相互渗透、相互转化，又相互排斥、相互分离、相互否定、相互斗争的方面和倾向。矛盾概念形象地概括了万事万物的既对立又统一的、在对立统一中发展的最普遍的客观法则。矛盾观点是对立统一观点的马克思主义哲学中国化的通俗表述。

毛泽东谆谆教导我们要学会用矛盾观点分析问题、认识问题和解决问题。矛盾观点是观察世界、认识世界、改造世界的世界观、方法论，运用矛盾观点认识说明世界，就是世界观；运用矛盾观点分析改造世界，就是方法论。

二、矛盾的普遍性与特殊性是统一的
——具体地分析具体的矛盾

晏子（？—前500年），名婴，字仲，谥平，习惯上多称平仲，是春秋时齐国莱地夷维人（今山东省莱州市平里店镇）。春秋后期担任齐国的国相。晏子睿智，爱民，头脑机灵，能言会辩，善于辞令，既坚持原则性，又富有灵活性。他内辅国政，外维国威，生活节俭，谦恭下士，为春秋时期的一大贤才。司马迁非常推崇晏子，将其比为管仲（前725—前645年）。晏子使楚，舌战楚王，维护国家尊严的故事广为传诵，为世人所赞扬。据《晏子春秋·杂下之十》记载，晏子有次出使楚国，楚王问身边的大夫们："晏子来楚，怎样做才能羞辱他呢？"一位大夫出主意说："晏子来时，我绑一个人从您眼前通过。您就问：'这人是干什么的？'我们就回答说：'（他）是齐国人。'您再问：'犯了什么罪？'（我们）回答说：'（他）犯了偷窃罪。' 以此羞辱晏子。"楚王果然就按照事先的布置做了。楚王故意问晏子："齐国人是不是惯于偷盗？"晏子回答说："我听说这样一件事：橘生长在淮河以南就是橘，生长在淮河以北就变成枳，只是叶子的形状相似，它们的果实味道却完全不同。原因是什么呢？是水土条件不相同。这个人生活在齐国不偷东西，进入楚国就偷东西，莫非是楚国的水土使百姓惯于偷东西吗？"楚王苦笑着说："圣人不是能同他开玩笑的，我反而自取其辱了。""橘生淮南则为橘，生于淮北则为枳"，这说明一个道理，一切事物的变化都是以时间、地点条件为转移的，要具体地分析具体的情况。

认识事物矛盾的特殊性是科学认识事物的基础。

日常生活告诉我们，世界上千差万别的事物都是具体的，因而是特殊的，从千差万别的具体事物中找出共性和普遍规律，就要认识事物的特殊性，而事物的特殊性是由事物内在矛盾的特殊性决定的，因而揭示事物的普遍规律、探寻真理就要从矛盾的特殊性分析开始。就拿中国共产党领导的中国革命来说，受到俄国十月革命的启示，中国共产党人选择了俄国社会主义革命的方向。选择社会主义革命，这是中国革命与俄国革命的共同点，然而，中国与俄国国情不同，中国革命的具体道路与俄国的革命道路也应不同。中国有特殊的国情，与当时俄国不同，与他国不同，要按照中国的具体国情——半殖民地半封建性质的落后的农业大国，选择适合中国国情的革命道路。先进行新民主主义革命，走农村包围城市的道路，然后再进行社会主义革命，这是由中国特殊国情的特殊矛盾所决定的。中国社会主义建设也是如此，必须走出一条适合中国国情的社会主义建设道路，照抄照搬马克思主义经典作家的现成结论，照抄照搬别国的发展模式、发展道路和发展经验，是不可取的。

认识事物必须首先认识事物的矛盾，具体地分析具体事物的矛盾特殊性，这是马克思主义活的灵魂。这就提出了矛盾的特殊性和普遍性问题。

什么是矛盾的特殊性？

——矛盾的特殊性是指矛盾的相对性。任何事物都是具体的存在，普遍的东西只是存在于具体事物之中。事物本身内在的矛盾是具体的，具有各自的特点，是特殊的，因而是相对的。世界上的事物之所以千差万别，有其各自的特点，就在于其内部矛盾的特殊性。矛盾的特殊性，是指每一事物的矛盾运动发展的形式和发展的过程都有特殊性，譬如，机械的运动、物理的运动、化学的运动、生物的运动是不同的，自然的运动、社会的运动和精神的运动也是不同的，世上完全一样的事物的矛盾运动形式和运动过程是不存在的。

在事物发展运动的不同阶段、不同过程中，其矛盾也有特殊性。譬如，在整个资本主义历史进程中，其基本矛盾是社会化大生产和生产资料占有的私人性质的矛盾，然而这对矛盾在自然竞争资本主义、垄断资本主义和当代资本主义的不同阶段，其具体表现形式都是不同的，呈现出事物内在矛盾阶段性的具体特点。

——矛盾的特殊性是由矛盾的特殊条件所决定的。分析事物矛盾的特殊性，就要分析事物矛盾的具体形成条件。比如，我国现阶段的人民内部矛盾的性质、特点、表现形式，都是由我国现阶段的特殊国情、特殊条件所决定的。矛盾的特殊性，还表现为矛盾在不同发展过程、阶段上，由于具体条件变化了，矛盾进程和阶段性随之发生了变化，矛盾的特点也会发生变化，因而有着特殊的表现形式。譬如，在社会发展的每个具体阶段上，其矛盾都有特殊的表现形式，看不到某社会阶段的特殊矛盾而采取落后于该阶段的路线、政策，就是右的倾向，超越该社会阶段的特殊矛盾而采取超前的路线、政策，就是"左"的倾向。我国1957年以后在社会主义建设问题上的"左"的错误就是超越了当时发展阶段的特殊矛盾。

——事物矛盾产生的条件主要分为外因条件和内因条件，"内因是变化的根据，外因是变化的条件"。苏联东欧发生剧变，有资本主义西化、分化作用的外部原因，但根本性的内部原因出在执政党自身。堡垒最容易从内部攻破，从历史上看，没有执政党的思想路线、政治路线和组织路线错误了而不把事业引向失败的。

什么是矛盾的普遍性？

矛盾的普遍性是指矛盾的绝对性。矛盾无所不在，没有不存在矛盾的地方和事物，矛盾存在于一切事物的发展过程之中；矛盾无时不有，每一事物在其发展过程中都自始至终存在着矛盾运动；矛盾是一切事物运动、变化和发展的根本原因，是一切事物运动、变化和发展的动力和源泉。矛盾即是事物，即是系统，即是过程。无论物质世界还是精神世界、自然世界还是人类社会，都充满了矛盾。没有什么事物不包含矛盾，也没有什么时候没有矛盾，没有矛盾就没有事物，否认矛盾就是否认事物，矛盾是普遍的、绝对的客观存在，是不以人的意志为转移的。在现实生活中，不论你主观意愿如何，矛盾都是普遍地客观存在的。正确对待矛盾的态度是承认矛盾、正视矛盾、分析矛盾、积极地化解矛盾。

今天，为什么要提出社会主义和谐社会建设问题？

这个命题不是从理论出发提出来的，而是从活生生的现实生活矛盾中提出来的。因为有矛盾才要求和谐，没有矛盾怎么会要求和谐？什么是对立？对立就是矛盾双方的对抗。什么是统一？统一就是矛盾双方的和谐。所谓对立统一就是在不断地解决矛盾的过程中求得事物的统一与和谐。我国改革开放发展到今天，既取得了举世瞩目的伟大成就，同时又出现并遇到了一系列新矛盾，这些矛盾是影响当前我国社会稳定、和谐、可持续发展的隐患，严重地制约了中国特色社会主义事业的繁荣发展。正因为有矛盾，况且有些矛盾还比较突出、比较紧张、比较尖锐，所以才提出构建和谐社会的战略任务。改革开放三十多年，我国的经济实力、综合国力、人均生活水平迅速提升，但值得思考的问题是，成绩那么大，但为什么当前矛盾还会那么多呢？这就要从矛盾的普遍性观点出发来看问题。邓小平 20 世纪 90 年代初曾讲过：现在看来，发展起来了的问题不比不发展的时候少。这是什么意思呢？就是说，发展了，问题反而多了。什么是问题？问题就是矛盾。道理很简单，没有发展起来时，最大的问题就是老百姓吃不上饭、吃不好饭，归结起来就一个字：穷，这是最主要、最大的矛盾。然而虽然穷，但搞平均主义，大家都差不多，矛盾不像现在这么多、这么突出。现在发展起来了，大家吃好了，生活好了，但一检查身体，什么脂肪肝、糖尿病、高血压、高血脂……都有了。发展起来了，生活好了，人的毛病反而多了。同样，发展得越快，所遇到的矛盾也就越多，这就是"发展中的矛盾，前进中的问题"。好中的问题、主流中的支流、阳光下的阴暗面则越发凸显。比如，贫困问题，改革开放三十多年，绝大多数人解决了温饱，达到了小康，贫困率大大下降，贫困人数大规模减少。贫困人口绝对数少了，但贫富矛盾却突出了，原因是贫富差距一拉开，贫者就突出了。

邓小平当时还有一句话就是，解决发展起来的问题比解决发展的问题还难。矛盾法则就是如此，现实生活中的辩证矛盾并不如人们的主观愿望那么简单。发展中的矛盾，尽管是发展中的，但这些矛盾如果不解决，就会严重制约我国经济社会的正常发展。我们党针对改革发展中新的矛盾，提出要统筹解决经济与社会之间、区域之间、城乡之间、对内改革与对外开放之间、人与自然之间发展的不协调、不平衡、不可持续。什么是不协调？不协调就是有矛盾，"五统筹"就是要化解"五大矛盾"。构建和谐社会，必须承认矛盾。矛盾普遍存在，想躲躲不掉，想绕绕不开。正因为有矛盾，才要构建和谐社会。构建和谐社会不是否定矛盾、不是回避矛盾，而是要正视矛盾、协调矛盾、解决矛盾。

矛盾的普遍性和特殊性是统一的，有矛盾的特殊性，才有矛盾的普遍性，矛盾的普遍性存在于矛盾的特殊性之中，而每个特殊性的矛盾又都服从于矛盾普遍性规律。

马克思主义中国化就是矛盾的普遍性和特殊性的统一。马克思主义的普遍真理概括的是矛盾的普遍性，是从千差万别的具体事物中、从千差万别的具体国情中所总结出来的普遍真理，是来自特殊性的普遍性。马克思主义中国化是把矛盾的普遍性与特殊性相结合，既坚持马克思主义的普遍真理，又与本国的具体实际相结合。中国共产党人运用马克思主义普遍真理针对中国的特殊矛盾加以解答，形成中国化的马克思主义，成为指导中国具体实践的指导思想。这就是具体地分析具体的矛盾。

三、矛盾双方既统一又斗争

——杨献珍与"一分为二""合二而一"的争论

时针拨回到 20 世纪 60 年代第二个年头的初夏，在北京刮起了一场疾风暴雨式的政治风暴，目标就是利用"一分为二"与"合二而一"的学术讨论，无限上纲批判斗争杨献珍（1896—1992 年）。

毛泽东形象地用"一分为二"来表述对立统一规律。"合二而一"则是杨献珍从中国古代思想宝库中寻找出来表述"对立统一规律"思想的另一种看法。对立统一规律即是矛盾规律，"一分为二"与"合二而一"的争论即是对矛盾问题的讨论。从学术角度来看，"一分为二"与"合二而一"的讨论焦点实际上是对矛盾内在的两重属性即斗争性与同一性的不同认识。作为学术问题，这场争论本应是学术观点的正常讨论，但却被当时策划成批判杨献珍"合二而一"的阶级斗争运动，杨献珍被打成反党反社会主义反毛泽东思想的反革命分子，许多参加正常学术讨论的无辜同志也惨遭迫害。学术讨论被政治批判所扭曲，给人们留下了沉痛的历史教训：不能把学术问题同政治问题简单地联系在一起，等同起来，对待学术上的是非问题和不同观点，不要轻易地下结论，不能随意往政治上上纲上线，必须遵循"百花齐放，百家争鸣"的方针，允许自由讨论，采取学术讨论、学术争论、学术批判的方式，逐步走向真理。"文化大革命"结束后的 1979 年，学术界围绕"一分为二"与"合二而一"重新展开了讨论，对这个问题的争论予以重新评价，推翻了从政治上强加给"合二而一"的罪名。尽管观点分歧还存在，有些问题还有待探索，但在这一次和上一次讨论中，对矛盾问题及其斗争性与同一性都形成了许多有价值的看法，充实和丰富了唯物辩证法的对立统一观点，即矛盾观点。

矛盾的双方既统一又斗争，同一性和斗争性是矛盾的基本属性。

《三国演义》开篇第一句就是："话说天下大势，分久必合，合久必分。"尽数"周末七国纷争，并入于秦；继秦灭之后，楚、汉纷争，又并入汉；汉朝自高祖斩白蛇而起义，一统天下，后来光武中兴，传至献帝，遂分为三国"，概述了"分久必合，合久必分"的规律，说的就是哲学问题——分与合的辩证关系。分与合的辩证思想贯穿《三国演义》故事情节始终，分与合的辩证关系同"一分为二"与"合二而一"的讨论一样，都涉及了矛盾的同一性与斗争性的关系问题。炸弹在没有引爆的时候，矛盾双方是共处的，这是同一性占主导，当然也存在斗争性；当引爆以后，矛盾就以外部冲突的形式来解决，这是斗争性占主导，当然也存在同一性。任何事物的内在矛盾双方都是相互作用的，既有相互联系的一面，具有同一性；又有相互排斥的一面，具有斗争性。"统一"是同一性方面，即"合二而一"；"对立"是斗争性方面，即"一分为二"。对立统一是同一性与斗争性的有机结合、分与合的有机统一，二者是不可截然分开的。同一性强调合，即统一、和谐；斗争性强调分，即对立、矛盾，同一性和斗争性的结合就是对立统一。没有同一性就没有斗争性，反之，没有斗争性就没有同一性。同一不是没有矛盾，统一不是没有对立，和谐不是没有斗争，反之，矛盾不是不要同一，对立不是不要统一，斗争不是不要和谐。

不能离开同一性和斗争性的具体的历史条件来理解同一性与斗争性。

在不同的具体条件下，对立统一规律的同一性与斗争性的表现方式是不同的。关于"共产党的哲学就是斗争哲学"的说法，毛泽东曾经有过两次具有代表性的表述。第一次是在 1945 年 4 月 24 日的《在中国共产党第七次全国代表大会上的口头政治报告》中，毛泽东说："有人说我们党的哲学叫'斗争哲学'，榆林有一个总司令叫邓宝珊的就是这样说的。我说'你讲对了'。自从有了奴隶主、封建主、资本家，他们就向被压迫的人民进行斗争，'斗争哲学'是他们先发明的。被压迫人民的'斗争哲学'出来得比较晚，那是斗争了几千年，才有了马克思主义。"[4] 第二次是在 1959 年 8 月 16 日，庐山会议的后期，毛泽东在一篇短文中写道："资产阶级的政治家说，共产党的哲学就是斗争哲学。一点也不错。"[5] 毛泽东肯定"共产党的哲学就是斗争哲学"，应当从他所处的历史条件出发来理解当时讲这句话的含义。因为毛泽东所处的中国革命的具体历史条件和历史任务，是革命，通过武装斗争，把封建主义、官僚资本主义和帝国主义"三座大山"消灭掉。在这样的历史条件下，强调斗争性的一面，强调通过一个吃掉另一个达到同一性。作这样的强调是有具体原因的，不能离开具体历史条件来理解毛泽东的话。当然，毛泽东在强调斗争性的同时，也重视同一性。比如，他强调斗争性，是要通过一个吃掉另一个的同一性的办法，求得统一。即使在当时的历史条件下，在强调斗争性的同时，毛泽东也是重视同一性的。比如，提出抗日民族战争中的统一战线问题。统一战线理论是中国共产党取得革命胜利的三大法宝之一，统一战线问题反映在哲学上就是同一性问题。问题在于，一切以时间、条件、地点为转移，条件变了，强调的方面也要相应地发生变化。1956 年，我国社会主义制度建立起来了，国内主要矛盾已经不是阶级矛盾了，就不能过分地强调阶级斗争、以阶级斗争为纲、搞阶级斗争扩大化。况且对于人民内部矛盾，也不能用一个吃掉另一个的办法来解决。把战争年代条件下的大规模阶级斗争的办法，运用到了社会主义和平建设时期，是错误的。

所谓矛盾的同一性或统一性，是指矛盾的对立面在一定条件下互相联结、互相依存、互相渗透、互相贯通、互相转化的性质。

矛盾同一性的第一层含义，是指矛盾的双方互相依存、互为前提，矛盾双方共存于一个统一体之中。任何矛盾的双方，总是依一定条件、不可分割地联系在一起，互为存在前提，没有上，就没有下；没有东，就没有西；没有纪律，就没有自由；没有剥削者，就没有被剥削者……上下、东西、纪律与自由、剥削与被剥削……都是互为依存前提、互相联系的。同一性的另一层含义，是指矛盾双方互相转化、互相渗透、互相融合。中国古代哲学思想强调"和""合"，提倡"中庸"，就高度注意了融合同一的矛盾的统一性方面。当然，辩证矛盾观讲的"和"不是绝对的同一、无条件的融合，而是看到"和"中的不同，主张和而不同、大同小异、兼顾众议，得其平衡。同一性有两种转化、渗透和融合的方式：一种是一个吃掉另一个，矛盾的一方吃掉另一方。在生物学中有一个很典型的例子，蝎子交配完，雌的要把雄的吃掉，雄的变成雌的自身的蛋白质构成，以维持雌的生产出新的生命体。另一种情况是双方融合。一个吃掉一个是同一，双方融合也是同一。比如，生物雄雌交配以后，双方结合产生新体，这也是同一。在一定条件下，矛盾双方是可以相互转化的，这种转化是由矛盾的同一性所决定的，比如，敌人可以转化成朋友，朋友也可以转化成敌人，关键是必须具备一定的条件。

所谓矛盾的斗争性，指的是矛盾双方互相分离、互相对立、互相排斥、互相否定的倾向。

这里用的"斗争性"与同一性一样，是一个哲学范畴，是一个中性的概念，并不是一个极端的词汇。譬如，敌我之间的对立与冲突是斗争性，人民之间的批评与自我批评也是斗争性，哲学上的斗争性包含有差异、不同的含义。自然界中的作用与反作用、合成与分解、同化与异化……人类社会中的生产力与生产关系、上层建筑与经济基础、新社会形态与旧社会形态、剥削阶级与被剥削阶级、统治阶级与被统治阶级之间……人类思维中的分析与综合、正题与反题、肯定与否定之间……都有斗争性。不能把矛盾的斗争性同矛盾斗争的具体形式混为一谈，矛盾的斗争性这个范畴表述的不过是自然界和社会中复杂多样的差异、不同，是矛盾的共同本质，是矛盾普遍存在的属性，不论何种矛盾都具有斗争性，矛盾斗争是指千差万别的具体矛盾的千差万别的一般斗争形式。有矛盾就有斗争，矛盾的具体斗争形式千差万别，矛盾斗争的具体形式因矛盾的性质及其所处的条件不同而不同，如果仅把矛盾斗争归结于对抗这一种形式，一讲斗争就势不两立、你死我活、乱斗一气，这是对矛盾斗争性的错误认识。不能简单地说同一性是好的、斗争性是坏的，也不能认为同一性是坏的、斗争性是好的，不存在讲同一性就是主张投降、强调斗争性就是坚持原则，这是对矛盾同一性和斗争性的庸俗解释。

离开马克思主义对立统一的观点，也就割裂了同一性与斗争性的辩证关系。

　　无论是新民主主义革命、社会主义革命，还是社会主义建设、社会主义改革开放，包括构建社会主义和谐社会，都是以马克思主义对立统一观点为哲学依据的，不能把和谐社会的哲学理论基础同对立统一观点对立起来。构建和谐社会就要认识现实社会的矛盾、分析现实社会的矛盾、善于化解现实社会的矛盾。现实社会中的矛盾，除了对极少数反党反社会主义的犯罪分子以外，都不能采取阶级斗争的办法、处理敌我矛盾的办法来解决。当然，即便对少数犯罪分子也要用法律的手段来解决，这同战争年代处理敌我矛盾的办法也不同。

　　一定要避免在同一性与斗争性问题上的片面性和绝对化的倾向。

　　关于对立与统一、同一性与斗争性，列宁在《哲学笔记》中讲的是两句话，不是一句话。他说："发展是对立面的'斗争'。"[6] 又说：发展"是对立面的统一"[7]。有人对列宁的"对立面的统一（一致、同一、均势）是有条件的、暂时的、易逝的、相对的。相互排斥的对立面的斗争是绝对的，正如发展、运动是绝对的一样"[8] 这句话作了片面的、绝对化的理解，把斗争性的绝对性看成为离开同一性的绝对性了，这就违反了辩证矛盾观的本意。列宁说："**注意**顺便说一下，主观主义（怀疑论和诡辩论等等）和辩证法的区别在于：在（客观）辩证法中，相对和绝对的差别也是相对的。"[9] 把斗争性看作排斥同一性的绝对性是不对的。恩格斯在《自然辩证法》中说，在自然界中，"到处只看到和谐的合作"和"到处都只看到斗争"，这两者都同样是片面的和褊狭的。片面地强调斗争、否认同一，或者只讲同一、忽视斗争，是形而上学的"在绝对不相容的对立中思维"[10]。毛泽东曾经借用"一分为二"这个词表述矛盾观点，但我们也不能把这个说法作简单化、片面性的曲解，只讲分、不讲合，只讲对立、不讲统一，或认为一讲联系、同一、统一、合作、团结就是投降主义、折中主义、调和主义。毛泽东曾经批评过斯大林只讲对立面的斗争、不讲对立面的统一，指出斯大林联系不起来对立面的这种斗争和统一。苏联一些人的思想就是形而上学，就是那么僵化，要么这样，要么那样，不承认对立统一。在中国革命历史上第二次国内革命战争时期，王明（1904—1974 年）"左"倾教条主义恰恰是只讲对立面的斗争而不讲对立面的统一的"斗争哲学"。他盲目地认为"斗争高于一切，一切为了斗争"，不断地扩大和提高斗争，只要斗争、进攻，不讲统一、团结。在政治生活上，开展不正常的党内斗争，把同志当作敌人斗，搞肃反扩大化；在土地革命上，提出中农分坏田、地主富农不分田，把可以团结的中间力量全部推向敌人，搞孤家寡人政策和关门主义；在军事斗争上，一个劲地只讲进攻、正面进攻，主张阵地战、攻打大城市，希望毕其功于一役……因而不断地陷入不应有的和不可避免的失败，差一点葬送了中国革命。在抗日战争时期，他又从"左"跑到右的一面，只讲统一而不讲斗争，提出"一切服从统一战线"，放弃共产党在抗日民族统一战线中的领导权。

——**同一性与斗争性是矛盾属性不可分割的两个方面。**事物的对立面之间的关系是极其辩证的，对立与统一、差异与同一、矛盾与和谐，本身就是不可分割的两极，它们在对立中统一、在统一中对立，看到对立时，不能忘记统一，看到统一时，不能忘记对立，在对立中把握统一，在统一中把握对立，在思想认识上对同一性与斗争性不能有一丝一毫的死板、僵硬、简单化和绝对化。

——**事物矛盾的同一性和斗争性的关系又是相对性与绝对性的关系。**列宁说："对立面的统一（一致、同一、均势）是有条件的、暂时的、易逝的、相对的。相互排斥的对立面的斗争是绝对的，正如发展、运动是绝对的一样。"[11] 矛盾的同一性是相对的、暂时的，是有条件的。没有一定条件，矛盾双方就不可能互相依存、互为前提、共处于一个统一体中，甚至相互转化。当条件变化了，矛盾双方的共存超出条件限度，该统一体就分解了，让位于适应新条件的统一体。

同一性是具体的，根据不同的条件而变化。矛盾的斗争性是绝对的、是无条件的，不论矛盾双方如何同一，都存在斗争性，否认矛盾的斗争性，也就否认了事物的运动、变化、发展的绝对性。

——正确认识矛盾的这两重属性及其相互关系，是辩证思维的实质。矛盾的对立统一，即无条件的、绝对的斗争性存在于有条件的、相对的同一性之中。父母亲交合生出孩子是"合二为一"，母亲十月怀胎、一朝分娩是"一分为二"，"合二为一"与"一分为二"是对于对立统一规律的不同角度的解读。一定要全面地把握矛盾的对立统一规律，既不能离开斗争性讲同一性，也不能离开同一性讲斗争性。研究事物矛盾，就要研究矛盾双方是怎样同一，又怎样斗争，在对立中把握统一，在统一中把握对立，才会全面地、辩证地看问题。坚持矛盾观点的全面性，反对片面性，反对表面性，反对绝对性，也反对相对主义、反对形而上学。譬如，在反对一种倾向时要防止另一种倾向，既要改革开放又要四项基本原则，既要经济建设又要全面建设，既要市场经济又要宏观调控，既要发展生产又要改善内需……只有全面把握矛盾，才能认清事物的本质，把握事物既对立又统一、在对立统一中发展的规律，才能推动事物健康发展。

四、矛盾是事物变化发展的根本原因
——没有"好"矛盾与"坏"矛盾之分

有人一提到矛盾就认为是坏事，认为"有矛盾不好，没有矛盾才好"；或者简单地把矛盾分为"好矛盾"和"坏矛盾"，认为"有的矛盾是好矛盾，有的矛盾是坏矛盾"。实际上，矛盾没有"好"与"坏"之分，也不能认为有矛盾就是坏事、无矛盾才是好事。矛盾实际上无处不在、无时不有，是客观普遍存在的。矛盾无所谓好坏，矛盾转化了、解决了是好事，矛盾得不到解决才是坏事。

矛盾存在于一切事物之中，贯穿于一切事物发展的任何过程、任何阶段，是一切事物发展的内在源泉。事物矛盾双方既统一又斗争，推动事物运动、变化和发展，这是事物生生不息、不断运动、变化和发展的根本内因。

社会主义社会也毫不例外。社会主义各国和我国实践表明：社会主义制度建立以后，社会主义国家内部有没有矛盾，怎样认识和处理社会主义国家的内部矛盾，这是关系社会主义前途和命运的重大课题。

在探讨未来社会特征时，马克思、恩格斯并没有具体论述社会主义社会的矛盾问题，更没有明确具体地指出社会主义社会存在什么样的矛盾。相反，他们关于社会主义公有制等重要特征的分析，却使实践社会主义的人们产生一种误解，似乎由于社会主义实现了公有制，消灭了阶级对立的经济基础，从而使得人民利益上的一致替代了剥削社会的阶级对立，社会和谐取代了剥削社会的阶级冲突。很长时间以来，人们心目中的社会主义似乎是一个无矛盾、无冲突的理想社会。

1936 年苏联宣布进入社会主义社会，建立了社会主义制度。由于历史与实践的局限性，也由于思想方法的片面性，苏联领导人斯大林提出了"完全适合论"和"统一动力论"，否认社会主义社会内部存在矛盾。1938 年斯大林在《论辩证唯物主义和历史唯物主义》一文中首次提出社会主义的"生产关系同生产力状况完全适合"[12]的论点，"完全适合"也就是说它们之间是没有矛盾的。1939 年 3 月，斯大林在联共（布）第十八次代表大会上指出：苏联社会"在道义上和政治上的一致、苏联各族人民的友谊以及苏维埃爱国主义这样一些动力也得到了发展"[13]。认为苏联社会不是由矛盾推动前进的，一致、统一是社会发展的动力。这样的观点显然是形而上学的。

从列宁领导十月革命建立第一个社会主义国家，到苏东剧变，到中国特色社会主义实践，社会主义发展的历史实践严肃地告诉我们，社会主义国家内部不仅存在着矛盾，而且还出现过严重的经济和政治乱子，出现过各种各样的社会冲突。

据有关资料记载，苏联在赫鲁晓夫（1894—1971年）执政期间，发生过群众游行示威事件，例如，1956年3月苏联格鲁吉亚第比利斯地区爆发一定规模的群众游行，1959年、1962年苏联其他地区也都发生过较大规模的工人群众罢工示威游行事件。据南斯拉夫有关学者的不完全统计，从1958年到1969年8月，南斯拉夫共发生了1906次工人罢工事件。[14]1953年夏，德意志民主共和国几万名工人上街，要求改善生活条件，工人们与政府发生了暴力冲突。1956年夏秋，波兰和匈牙利爆发了全国性的社会动乱。1956年冬到1957年夏，波匈事件波及我国，引起了国内一些人的思想混乱。同时又由于我国新生的社会主义制度刚刚建立，经验不足，认识与工作不到位，存在和出现了许多问题。对这些问题，有些处理不当，导致了国内连续出现一系列少数人闹事事件。全国大约有一万多名工人罢工，一万多名学生罢课。国际的新情况，国内的新问题，引起我们党的高度警惕。总结经验，借鉴教训，促使我们党运用对立统一观点，从矛盾普遍性的高度来思考社会主义国家的内部矛盾问题。

毛泽东总结了斯大林领导的苏联社会主义建设的经验教

训，批评了斯大林关于社会主义国内矛盾的错误判断，科学地分析了当时我国社会主义条件下的基本矛盾、主要矛盾、两类性质不同的矛盾和人民内部矛盾的新变化，认为我国社会主义所有制改造完成后，疾风暴雨式的阶级斗争已经不是国内的主要矛盾了，提出了正确认识和处理社会主义社会的基本矛盾、主要矛盾和人民内部矛盾理论，对社会主义制度下的国内矛盾作了马克思主义的科学回答。

然而，受当时复杂的主客观条件的制约影响，毛泽东在理论上和实践上逐步背离了关于社会主义国家内部矛盾的正确理论，力图用阶级斗争的方法来解决社会主义建设和发展过程中所存在的矛盾和问题，逐步形成了"无产阶级专政下继续革命"的错误理论，形成了"以阶级斗争为纲"的"左"的政治路线，从而最终导致了"文化大革命"的悲剧，社会主义建设和发展受到了严重挫折。

1978 年召开了党的十一届三中全会，在邓小平领导下，我们党实现了思想路线和政治路线上的拨乱反正，重新恢复了实事求是的思想路线，果断停止了"以阶级斗争为纲"的做法。在社会主义改革开放和建设中国特色社会主义的伟大实践中，正确认识和处理新时期社会基本矛盾、主要矛盾和人民内部矛盾问题，坚持、丰富和发展了毛泽东提出的社会主义社会基本矛盾、主要矛盾和人民内部矛盾的正确理论。

纵观社会主义各国建设的实践和教训，说明这样一个道理：能否正确认识和处理好社会主义国家的内部矛盾，关系到执政党地位的巩固，关系到社会主义改革和建设的成败，关系到中国特色社会主义事业的兴衰。凡对社会主义国家内部矛盾认识正确、处理得当的时候，执政党地位就巩固，社会主义事业就发展；凡对社会主义国家内部矛盾认识错误、处理失当的时候，社会主义事业就遭受挫折，执政党地位就受到威胁。一定要正确认识和处理好新时期社会主义社会基本矛盾、主要矛盾、人民内部矛盾，这是带有根本性的重大政治问题。

把矛盾观点运用到社会历史领域，就会发现，生产力和生产关系、经济基础和上层建筑的矛盾是一切社会形态共同存在的基本矛盾，它们的辩证发展即矛盾运动是社会不断向前发展的动力，社会主义社会也如此。

斯大林承认社会基本矛盾的普遍性，但具体到当时社会主义苏联还存在不存在社会基本矛盾，斯大林一开始是不承认的，提出苏联社会主义生产力与生产关系、经济基础与上层建筑"完全适合"的形而上学观点。理论上的误判导致了斯大林在社会主义建设指导思想上的严重失误。生产力与生产关系、上层建筑与经济基础"完全适合"、没有矛盾，那么，就不需要随着生产力的发展不断地进行生产关系和上层建筑具体体制上的变革，就会逐步形成僵化的经济政治体制，从而束缚生产力的发展。1953 年，斯大林在《苏联社会主义经济问题》中隐隐约约认识到生产力和生产关系在社会主义条件下是有矛盾的。但是，他认为，在他领导下的苏联生产力与生产关系、经济基础与上层建筑之间没有矛盾。1957 年，毛泽东在《关于正确处理人民内部矛盾的问题》一文中，提出社会主义社会不是没有矛盾，而是充满了矛盾。他认为，社会主义的生产力和生产关系、经济基础和上层建筑的矛盾表现为既相适应又不相适应的矛盾，也就是说，社会基本矛盾表现为适合下的不适合，这是社会基本矛盾在社会主义制度下的具体表现。在我国社会主义条件下，基本适合是指公有制、按劳分配的经济制度，以人民当家作主的人民民主政治制度，是适合我国社会生产力发展的，这就决定了社会基本矛盾总体是适合的。但是，它又是不适合的。我国的社会主义制度是好的，但具体的经济、政治体制还有许多不适合的地方，在一定程度上阻碍了生产力的发展，使社会主义制度的优越性在僵化的计划经济体制条件下没有发挥出应有的制度优越性来。到"文化大革命"时期，我国的经济社会发展已走到了崩溃的边缘。"改革是第二次革命。"中国特色社会主义道路，就是通过改革开放，改掉不适合生产力发展的生产关系和上层建筑的具体体制，以解放和发展生产力，推动经济社会全面发展的正确道路。

今天，经过改革开放，我国逐步形成了有利于生产力发展的社会主义市场经济体制和有利于人民积极性发挥的社会主义民主政治体制，但社会基本矛盾还有不适合的方面。我国社会目前阶段的基本矛盾，仍然是基本适合条件下还有不适合的地方。目前社会上出现的很多矛盾和问题，仍然同生产关系和上层建筑具体体制上的不适合有关系。当前发展中存在的问题，要靠进一步改革开放来解决。

在人与人的关系上，社会基本矛盾表现为人际矛盾。在阶级社会中，社会基本矛盾在人际关系上主要表现为阶级矛盾和阶级斗争。阶级矛盾是阶级社会发展的内在原因。

当生产力发展了，先进生产力要求冲破旧的生产关系的束缚，旧的生产关系的代表阶级则利用上层建筑拼命维持旧的生产关系，代表先进生产力的阶级则要求推翻旧的上层建筑，以变革旧的生产关系，于是社会变革就到来了。

在我国社会主义初级阶段，社会的主要矛盾不是阶级矛盾和阶级斗争，而是相对落后的社会生产力和不断提高的人民物质文化需求的矛盾，不应以阶级斗争为纲，而应以经济建设为中心。当然，阶级差别、阶级矛盾还没有消失，阶级斗争还在一定范围内存在，在一定条件下，有时可能还会很激烈。但解放和发展生产力是根本任务，不断改善和提高人民的物质文化生活水平是根本目的。

人民内部矛盾成为社会主义国家政治生活的主题，成为人际关系上的主要矛盾。人民内部矛盾是社会主义社会向前发展的内在根源。

在我国社会主义目前阶段，大量的、反复的、经常出现的是人民内部矛盾，当然，还存在一定范围的阶级斗争和敌我矛盾。要正确区别和处理两类不同性质的矛盾，正确认识和处理一定范围内的阶级斗争。执政党的主要任务是正确处理人民内部矛盾。人民内部矛盾处理好了，社会就会向前发展。正确处理好人民内部矛盾，关键是要正确处理好人民内部的利益矛盾。社会关系，从某种意义上说就是人与人之间的利益关系。有关系就有差别，有差别就有矛盾，一定的利益差别表现为一定的利益矛盾。适当地保持一定的利益差别，于社会发展是一种动力，会产生利益激励机制，推动人们去积极工作，以谋求更多的利益。利益矛盾处理好了，于社会发展有利；利益矛盾处理不好，于社会发展不利。物质的、经济的利益矛盾是人民内部矛盾产生和变化的根源。正确认识和处理人民内部的利益矛盾，是正确认识和处理人民内部诸矛盾的前提。认真研究和妥善协调人民内部的利益矛盾，才能正确处理好人民内部矛盾，推动社会主义社会不断发展。

五、善于集中力量解决主要矛盾
——人民军队克敌制胜的战略策略

1946 年 6 月 26 日，国民党军队以围攻刘伯承（1892—1986 年）、邓小平领导的中原人民解放军为起点，发动了对解放区的全面进攻，决定中国人民命运的解放战争就此拉开了帷幕。当时，人民军队与蒋介石（1887—1975 年）的国民党军队存在着敌强我弱的态势。在军事力量对比、战争资源和工业生产方面，国民党军队处于压倒性优势。仅就兵力数量和武器装备来说，国民党军队总兵力约 430 万人，86 个整编师约 200 万人可直接投入一线作战。人民军队总兵力约 127 万人，参战军队 61 万人，处于与国民党军 1∶3.4 的劣势。人民军队的装备主要是抗战时期缴获的日伪军步兵武器和为数很少的火炮。国民党军队接受了日本侵华军队 100 万人的装备，得到美国大量援助，装备了 936 架飞机、131 艘舰艇，有 22 个师为美械、半美械装备，在自动火器方面，国民党军队是人民军队的 26 倍，火炮不仅数量是人民军队的 9.5 倍，且口径大、射程远。当然，人民军队也具备一定的取胜条件，如组建了强大的野战兵团，完成了由游击战向运动战的战略转变，有广阔的战场和占全国总面积 24% 的约230万平方公里的解放区，人民战争是正义的，占有极大政治优势和群众优势。

如何制定正确的战略策略、把握战场的主动权、以弱胜强、战胜国民党军队呢？

矛盾观点告诉我们，善于抓住和集中力量解决战争中的主要矛盾和矛盾的主要方面，是制定正确战略方针从而取胜的关键环节。

矛盾存在的特殊条件决定了事物的各种矛盾和矛盾的各个方面总是发展不平衡的，这就形成了在事物发展中起着不同作用的矛盾和矛盾的不同方面。认识不同矛盾在事物矛盾系统中的不同地位、在事物发展中的不同作用，最重要的就是认识主要矛盾和矛盾的主要方面的地位和作用，捕捉住它，解决它。在复杂事物系统的诸多矛盾中，当存在两个以上矛盾时，其中必有一种矛盾是处于支配地位，起主导、决定作用的，其余矛盾则是处于非主导地位，处于次要、从属地位的，要全力抓住主要矛盾，解决这一主要矛盾，从而带动对其他矛盾的解决。矛盾双方也是如此，必然有一方是处于主导、支配地位的，要全力抓住这一方，解决这一方，矛盾就会向有利的方面转化。

毛泽东娴熟地运用了主要矛盾和矛盾主要方面的观点，从敌我双方优劣条件的实际情况出发，正确分析了敌我双方的客观物质条件和力量对比，把歼灭敌人数量作为克敌制胜的基本依据，紧紧把握住大量歼灭敌人有生力量这个战争的主要问题，抓住了克敌制胜的主要环节和关键，以高超的战争艺术牢牢地掌控战争内在规律和主动权，形成了"集中优势兵力打歼灭战"的作战思路，明确提出了解放战争战略防御阶段"以歼灭国民党有生力量为主而不是以保守地方为主"的战略方针。人民军队丢掉坛坛罐罐，不在乎一城一地的得失，大踏步地后退，诱敌深入。结果蒋介石国民党军队每每按照毛泽东的"神机妙算"，一步一步地步入人民军队歼灭战的口袋。仅仅一年，人民军队即以劣势兵力和装备，歼灭了大量敌人，粉碎了国民党军队的战略进攻。从 1946年 7 月到 1947 年 7 月，歼灭国民党 9 个半旅 78 万人，歼灭国民党非正规军 34 万人，总计歼灭 112 万人。而人民军队实际损失 15.8 万人，缴获了国民党军大量武器、弹药，还有装备、物资，解放了大片土地。人民军队总兵力由 127 万人发展到 195 万人，国民党军总兵力则由 430 万人下降到 373 万人，士气更是急剧下降。随着军事上的失利，蒋介石集团在政治上、经济上也陷入了困境。在战争第二年，人民解放战争就转入了战略进攻阶段。用了三年时间，中国共产党及其领导的人民军队在人民的支持下，抓住主要矛盾和矛盾的主要方面，遵循"集中优势兵力打歼灭战"的战略原则，创造了"小米加步枪"战胜国民党军队"飞机加大炮"的人民战争奇迹。

毛泽东经常强调的"两点论""重点论"，是既要全面看问题，又要抓住主要矛盾的思想方法，是工人阶级执政党正确解决战略和策略问题的哲学指南。

在革命和建设的每个阶段，党的领导能不能认识和抓住并解决主要矛盾是关系革命、建设能否成功的关键所在。在革命年代，毛泽东在政治上关于"建立最广泛的统一战线""团结进步势力、争取中间势力、孤立顽固势力""争取多数、反对少数，各个击破"的战略策略原则；在军事上"一定时间内只应有一个主攻方向""不要四面出击"，反对"两个拳头打人""伤其十指不如断其一指""集中优势兵力打歼灭战"等军事斗争策略，都是矛盾"两点论"和"重点论"相结合的灵活运用。无论是革命时期还是建设时期，我们党什么时候正确判断主要矛盾，并抓住解决这一主要矛盾，事业就发展。1956年，我国完成了社会主义生产资料所有制改造任务，建立了社会主义制度，党的八大及时地提出了主要矛盾已不是阶级斗争了，而是人民群众不断增长的物质文化需要同相对落后的社会生产之间的矛盾。但八大之后，我们却逐步离开了对国内主要矛盾的这一正确判断，导致社会主义建设走了很长一段时间弯路。党的十一届三中全会拨乱反正，恢复了八大关于国内主要矛盾的正确判断，把以阶级斗争为纲转变为以经济建设为中心，实行改革开放，扭住经济建设这一主要矛盾不放松，坚定不移地推进经济建设和生产力的发展。

思想方法就是工作方法。善于抓住和集中力量解决主要矛盾，是我们党行之有效的工作方法。

毛泽东说："在任何一个地区内，不能同时有许多中心工作，在一定时间内只能有一个中心工作，辅以别的第二位、第三位的工作。"[15] 任何时候，都必须抓住中心、抓住关键、抓住主要环节、"抓住中心工作"。集中主要力量解决主要问题，绝不可不分先后主次、轻重缓急，"胡子眉毛一把抓"。毛泽东还要求，抓主要矛盾，还要善于抓住主要矛盾的主要方面。当然抓住主要矛盾不是说可以忽视或撇开次要矛盾，抓主要矛盾的主要方面也不是说可以忽视或撇开主要矛盾的次要方面。须知，主要矛盾解决了，次要矛盾不一定会自动得到解决；主要矛盾的主要方面解决了，次要方面不一定自动会得到解决。所以在抓主要矛盾、抓主要矛盾的主要方面时，要善于把主次结合起来，学会"十个指头弹钢琴"。无论什么时候，既要抓中心工作，反对平均使用力量，又要全面安排、统筹兼顾，防止"单打一"。以一部分为中心，把其余忽略掉，就不是全面的观点。主要矛盾和非主要矛盾、主要方面和非主要方面又是可以转化的，不是一成不变的，根据变化，采取的策略也要加以改变。比如，在中国革命和建设过程中，始终存在"左"、右两种错误倾向，当"左"是主要问题时，反"左"防止右，但当右成主要问题时，仍继续大力反"左"，也会出问题。

六、矛盾的精髓
——公孙龙《白马论》的"离合"辩

春秋战国是中国历史上著名的"诸子百家，互相争鸣"时期。赵国平原君门客公孙龙（前 320—前 250 年）以雄辩名士自居，凭其《白马论》一举成名。当时赵国的马流行烈性传染病，导致大批战马死亡。为了严防马匹瘟疫传入，秦国就在函谷关口贴出告示："凡赵国的马不能入关。"公孙龙骑着白马来到函谷关前。关吏说："你人可入关，但马不能入关。"公孙龙辩道："白马非马，怎么不可以过关呢？"关吏说："白马是马。"公孙龙辩解道："'马'是指名称而言，'白'是指颜色而言，名称和颜色不是一个概念。'白马'这个概念，分开来就是'白'和'马'或'马'和'白'，这也是两个不同的概念。'白马'和'马'不是一回事吧！所以说白马就不是马。"关吏被公孙龙这一通高谈阔论弄得晕头晕脑，无奈之中只好让公孙龙和白马都过关了。公孙龙"白马非马"论只讲离而不讲合，将个别与一般绝对分离，违背了辩证法的"个别存在于一般之中"的观点，但他却提出了共性与个性、绝对与相对的相互关系问题。公孙龙"白马非马"论是一个诡辩命题，但包含了共性与个性、绝对与相对、一般与个别的辩证关系的猜测。矛盾的共性是绝对的，个性是相对的，共性与个性的关系也就是一般与个别的关系。毛泽东强调："这一共性个性、绝对相对的道理，是关于事物矛盾的问题的精髓，不懂得它，就等于抛弃了辩证法。"[16]

研究和运用矛盾观点，必须牢牢把握共性与个性、绝对与相对的矛盾问题的精髓。矛盾的共性是指矛盾普遍存在的共同本性，即矛盾的一般性、普遍性；矛盾的个性是指具体矛盾所具有的特点，即矛盾的个别性、特殊性。

矛盾的共性是从具体矛盾的特殊性中抽象出来的，而矛盾的个性则是活生生的具体矛盾的特点。矛盾的共性与个性，既互相联结，又互相区别。矛盾的共性与个性互相联结在于，矛盾的共性只能存在于矛盾的个性之中，矛盾的个性也离不开矛盾的共性，千差万别的矛盾的个性都有共同点。矛盾的共性是诸多矛盾的个性的共同点，是一般寓于矛盾的个性之中，没有离开矛盾的个性而单独存在的矛盾的共性。就拿马来说，谁都见过马，但谁也没有见过不白不黑、不公不母、不大不小……的马，见的都是具体的中国马、外国马、公马、母马、大马、小马、张家的马、李家的马，马只是一切个别马的一般，没有离开个别马而单独存在的一般马。个性是每个矛盾独有的，与其他矛盾相比的特殊点、差异点。"马"作为一般，只能存在于张家马、李家马、王家马等具体的、活生生的个别马之中，不能想象在这些具体"马"之外还存在着什么"一般"的马，也不能设想不具备"一般"马特征的个别的马。"白马非马"就是矛盾的共性与个性、一般与个别的关系命题，"白马"是"特殊"的、"个别"的马，"马"是"一般"的马，是概括了一切个别马的共性，马的"一般"存在于"个别"马之中，个别马具有一般马的共性，一般马不包括所有个别马，只概括个别马的共性，个别马也不完全等于一般马，但个别马与一般马的区别又是相对的，不是绝对的。

矛盾的共性与个性是互相区别的，矛盾的共性只概括了矛盾的个性之中共同的、本质的东西，矛盾的个性总有许多自己独特的特点，为矛盾的共性所包括不了的。"一般"马只概括了许许多多个别马的共同本质，而不可能包括每个个别马的所有特点，每个个别马又都有自己的特点。

矛盾的共性是无条件的、绝对的，而矛盾的个性是有条件的、相对的。

事物的矛盾不仅有个性，而且具有共性，共性寓于个性之中，没有矛盾的个性，就没有矛盾的共性，而且每个具有个性的矛盾又逃脱不了矛盾的共性。

"个别""特殊""具体"是个别的、特殊的、具体的客观地存在的事物矛盾。"共性""一般""普遍"是指存在于个别、特殊、具体事物矛盾中的共同的一般属性和普遍起作用的规律。"共性""一般""普遍"存在于一个一个"个别""特殊""具体"事物矛盾之中，没有离开"个别""特殊""具体"事物矛盾而单独存在的"共性""一般"与"普遍"，而每个具体的、个别的、特殊的事物矛盾本身在与他事物矛盾的比较中都有其共同的属性和普遍起作用的规律，个性与共性、特殊与一般、具体与普遍是辩证统一于个别的、特殊的、具体的事物矛盾之中的。离开个别、特殊、具体的事物矛盾而单独存在的一般、普遍、共性是根本没有的。

矛盾的共性和个性在一定条件下是可以转化的，一定场合、一定时间的共性的东西，在一定场合和条件下则为特殊性。

如阶级社会的阶级矛盾，相对于阶级社会来说，它是共性的，而在整个人类历史长河中，它又是个性的。

共性与个性、绝对与相对的道理是正确理解辩证矛盾学说的认识关节点。

从方法论上来说，共性与个性、绝对与相对的道理是正确认识事物矛盾的根本方法。因为人的认识总是从认识具体矛盾的特殊性开始的，逐步认识到各种事物矛盾的共同本质，概括出矛盾共性，然后再运用矛盾共性的普遍道理去认识具体事物矛盾，这就是由个别到一般、又由一般到个别的对具体矛盾的认识过程。教条主义只承认一般而否认个别，拒绝研究具体事物矛盾的特殊性，把一般原理看成凭空产生的东西，当成可以不顾具体条件到处硬套的僵死教条或公式。经验主义不懂认识必须从个别上升到一般的道理，只承认个别，把狭隘的个别经验当作普遍真理，否认一般的指导作用。二者都是以矛盾的共性与个性相脱离为特征的。

从实践上说，矛盾的共性与个性、绝对与相对的道理是马克思主义普遍真理同本国革命具体实践相结合这一思想原则的哲学依据。

马克思主义政党只有以矛盾的普遍性原理为指导，对革命实践中所遇到的各种矛盾的特殊性进行具体的历史的分析，才能正确地认识各种具体矛盾，制定符合实际的纲领、路线、方针、政策，动员和组织人民群众，采取恰当的方法，正确处理各种具体矛盾，把事业引向胜利。毛泽东思想、邓小平理论、"三个代表"重要思想、科学发展观就是我们党关于马克思主义普遍真理同本国革命和建设的具体矛盾相结合的产物，就是矛盾的共性与个性、绝对与相对的道理的具体体现。中国共产党在领导中国人民进行长期革命和建设斗争的实践中，坚持马克思主义的普遍真理，又同时从本国的实际出发，具体分析本国矛盾的特殊性，不断总结群众斗争的经验，独立制定和执行符合本国国情的路线和政策。经验证明，不坚持马克思主义的普遍真理，中国的革命和建设就没有胜利的可能，而不把这种普遍真理和中国的具体实际相结合，也不能把胜利的可能变成现实。把马克思主义关于一切事物矛盾的普遍真理与中国具体矛盾的实际分析结合起来，也就是把马克思主义科学社会主义的一般原理同中国社会矛盾的特殊性结合起来，走出一条中国特色的社会主义建设道路，这就是总结我国社会主义建设具体矛盾的经验而得出的基本经验。

把矛盾的一般与个别结合起来，也是抓好各项工作的基本方法。

贯彻执行党中央的路线、方针、政策，必须从本地区、本单位的实际矛盾出发，制定出切实可行的具体措施，不能借口"特殊"而拒不执行，也不能一切照转、照抄、照搬。毛泽东所总结的"一般号召和具体指导相结合"等领导方法，是矛盾的普遍性和特殊性相结合的原理在实际工作中的具体应用。

俗话说：一把钥匙开一把锁。**矛盾的个性决定了客观世界普遍存在不同性质的矛盾，而不同性质的矛盾要用不同的办法来解决。**

就矛盾性质来说，可以分成对抗性和非对抗性两大类矛盾。毛泽东说，对抗是矛盾解决的一种形式，采取外部冲突的形式来解决的矛盾就是对抗性矛盾，而不采取外部冲突形式来解决的矛盾就是非对抗性矛盾。比如炸弹，当它引爆时，就采取了外部冲突的解决形式。在阶级社会中，有阶级对立的对抗性矛盾关系，也有非阶级对立的非对抗性矛盾关系。在社会主义国家，有两类不同性质的矛盾：一类是根本利益对立基础上的敌我矛盾，这是对抗性矛盾；还有一类是根本利益一致基础上的人民内部矛盾，这是非对抗性矛盾。当然，对抗性矛盾和非对抗性矛盾、阶级矛盾和非阶级矛盾、敌我矛盾和人民内部矛盾是既有联系又不完全等同的三对矛盾范畴。要具体分清这三对矛盾，不同性质的矛盾用不同性质的办法来解决，是有交叉的，可以转化的。在我国，人民内部矛盾从总体上来讲是非对抗性矛盾。但处理不好，人民内部矛盾可以激化，转化为对抗性矛盾甚至敌我矛盾。当前，由人民内部矛盾引发的突发性事件、群体性事件，就是人民内部矛盾的激化和对抗化的具体表现。要尽可能避免人民内部矛盾进一步转化为敌我矛盾。目前我国人民内部矛盾引发的突发性和群体性事件正处于多发期和突发期，这是影响社会和谐稳定的突出隐患，必须高度重视，认真解决好。

结　语

是否承认对立统一，即是否承认世界上的一切事物和现象都包含着矛盾，是否承认矛盾是事物运动、变化和发展的根本原因，是辩证法和形而上学两种世界观、方法论的根本分歧。形而上学的基本特征是否认矛盾，否认事物的自我运动和自我发展，看不到事物自身的矛盾是事物发展的源泉和动力，否认事物根本性质的变化，把事物看成是不包含任何差异、变化的抽象的同一，认为事物内部是绝对同一的，同一事物永远是同一事物，不是别的事物；认为事物变化发展是数量上增减和场所上变化，并把这种变化归结为外部原因。在矛盾的普遍性与特殊性、同一性与斗争性、外因与内因、一般与个别、共性与个性、绝对与相对问题上，辩证法与形而上学都是有原则分歧的。辩证法是一种全面的、运动的、普遍联系的、突出重点的、对立统一的观点，形而上学是一种孤立的、静止的、片面的、割裂的、绝对同一的观点。

形而上学与辩证法关于矛盾问题认识上的本质区别，决定了人们思想方法和工作方法的根本不同。正确认识世界、改造世界，一定要学习马克思主义的辩证矛盾思想，学会运用矛盾分析方法具体分析任何事物的特殊矛盾，认清矛盾的性质、特点，对不同质的矛盾采用不同的解决办法，分析矛盾、解决矛盾，从而推动事物的转化和发展。

注　释

1 《道德经》第四十二章。

2 《列宁专题文集　论辩证唯物主义和历史唯物主义》，人民出版社2009年版，第149页。

3 《毛泽东文集》第七卷，人民出版社1999年版，第44页。

4 《毛泽东文集》第三卷，人民出版社1996年版，第316页。

5 《建国以来毛泽东文稿》（第八册），中央文献出版社1993年版，第451页。

6 《列宁专题文集　论辩证唯物主义和历史唯物主义》，人民出版社2009年版，第149页。

7 《列宁专题文集　论辩证唯物主义和历史唯物主义》，人民出版社

2009 年版，第 140 页。

8　《列宁专题文集　论辩证唯物主义和历史唯物主义》，人民出版社 2009 年版，第 149 页。

9　《列宁专题文集　论辩证唯物主义和历史唯物主义》，人民出版社 2009 年版，第 149 页。

10　《马克思恩格斯选集》第 3 卷，人民出版社 1995 年版，第 374 页。

11　《列宁专题文集　论辩证唯物主义和历史唯物主义》，人民出版社 2009 年版，第 149 页。

12　《斯大林文集》，人民出版社 1985 年版，第 226 页。

13　《斯大林文集》，人民出版社 1985 年版，第 263 页。

14　参见泰察·约万诺夫：《南斯拉夫社会主义联邦共和国 1958 年到 1969 年的工人罢工》，群众出版社 1964 年版，第 157 页。

15　《毛泽东选集》第三卷，人民出版社 1991 年版，第 901 页。

16　《毛泽东选集》第一卷，人民出版社 1991 年版，第 320 页。

要把握适度原则

——质量互变规律

认识事物的质固然十分重要，但认识事物的量同样不可忽视。无论分析什么问题、做什么决策、采取什么举措，都要做到"心中有数"，把握适度原则。

质量互变规律是辩证法三大规律之一。事物的矛盾运动，呈现出量变和质变两种运动状态，由于其自身的内在矛盾，在一定条件下向自己的对立面转化，呈现出由量变到质变、又由质变到量变的过程。唯物辩证法质量互变原理，揭示了事物的发展是在量变的基础上由旧质向新质的飞跃。要认识和驾驭质量互变规律，做到胸中有数，把握适度原则。

一、既要认识事物的量与质，更要研究事物的度
——汽会变水、水又会变冰

小学生上自然课，有一个最普遍、最常见的实验课程：把水加热至零上 100 摄氏度时，水就沸腾变成蒸气，由液态变成气态；把水降温至零摄氏度以下时，水就逐渐凝固成冰，由液态变为固态。对水逐步加热的过程或逐步降温的过

程，就是量变，水变汽、变冰，液态变气态、固态，就是质变，零上 100 摄氏度或零摄氏度就是汽、水、冰从量变到质变的度。细心地观察世界上万事万物的变化，这种量、质、度变化现象是自然界和人类社会普遍存在的现象。宇宙间的任何事物都具有一定的质、一定的量，在其运动、变化、发展过程中又呈现出一定的度，任何事物都是质与量的统一体，度是该事物质与量的对立统一的表现。

什么是质？**质是一事物区别于他事物的内在规定性。**

世界上的事物之所以千差万别并互相区别开来，就是因为它们各有自己质的规定性。事物一旦失去其特定的质，也就不再是这一事物，而变成其他事物了。自然体与生物体、有机物与无机物、人与低级动物等等的根本区别就是由于各自具有特定的质。

——**事物的质是通过其属性表现出来的。**所谓属性，就是一事物和他事物发生联系时表现出来的质的区别。由于事物联系的普遍性，具有一定特质的事物表现出许多属性。例如，金属有导电性、导热性、延展性、可熔性等属性，这些属性是金属分别被击、通电、受热、遇拉、遭压、加温时表现出来的。质是事物诸属性的有机统一。

——**在事物诸多属性中，有本质属性和非本质属性的区别。**本质属性的存在决定着事物质的存在，本质属性不存在了，一事物也就转化成他事物了。而非本质属性的消失，则不影响事物质的存在。生物界与人类社会是不同的事物，前者的质的规定性决定了生物界的特殊性，后者的质的规定性决定了人类社会的特殊性，决定了生物界与人类社会的本质不同。生产资料公有制是社会主义的本质属性，公有制占主体是我国初级阶段社会主义的本质属性，保持公有制占主体地位就保持其社会主义的基本性质了，否则，就不具有社会主义属性。我国正处于社会主义初级阶段，在经济基础中，存在着多种所有制成分，有公有制经济，也有私营经济、个体经济，还有股份制经济、合伙经济、混合经济等，但公有制经济占主体，在经济基础中起主导作用，私营经济、个体经济等多种经济成分是社会主义经济的组成部分和必要补充。在社会主义初级阶段，既要坚定不移地坚持公有制经济为主体，又要坚定不移地支持私营经济、个体经济的发展，国家要通过立法、行政和其他方式，指导、引导、帮助、监管私营经济和个体经济。公有制经济的主体地位以及它同其他经济成分的关系，决定了我国经济基础的本质是社会主义性质的。人们在认识事物时，一定要通过认识事物的属性，通过分清哪是本质属性、哪是非本质属性，来认识事物的性质，把握事物的变化。

　　——一事物区别于他事物的质的规定性，是事物存在的内在根据。认识事物的质十分重要，只有了解事物的质，才能区别事物，从而掌握事物的发展规律，找到解决问题的正确方法。对于工人阶级政党来说，认清不同社会、不同社会发展阶段质的区别，划清不同社会、不同社会发展阶段的界限，是制定正确路线、方针、政策和策略的依据。毛泽东领导中国革命，首先是正确认识中国国情，阐明中国是半殖民地半封建性质的社会，针对中国社会性质，指出中国革命"分两步走"，先进行工人阶级领导的新民主主义革命，然后过渡到社会主义革命的革命战略。既反对了放弃工人阶级领导，先支持由资产阶级政党领导的资产阶级革命，然后再进行工人阶级领导的社会主义革命的右倾机会主义的"两次革命论"；又反对了毕其功于一役，革命不分阶段、一竿子到底搞社会主义革命的"左"倾教条主义的"一次革命论"。在正确分析中国社会性质的基础上，毛泽东正确分析中国社会各阶级、各阶层的状况，科学地认识中国社会各阶级、各阶层的经济地位、政治态度和阶级属性，从而搞清了"谁是我们的敌人，谁是我们的朋友"这个革命的首要问题，确立了革命的领导阶级、依靠力量、联合对象和革命敌人，制定了正确的斗争策略。正是在认识中国社会和中国社会各阶级的性质的基础上，毛泽东为中国革命制定了正确的路线、方针、战略和策略，取得了中国革命的胜利。进行社会主义建设也是这样，只有认清我国正处于社会主义初级阶段的基本国情，制定正确的社会主义初级阶段的基本路线、基本纲领、基本政策，依据国情，建立以公有制为主体、多种经济成分并存的社会主义经济制度，发展社会主义市场经济，走中国特色社会主义道路，才取得了社会主义改革开放的伟大成就。脱离我国社会主义初级阶段的国情，超越现阶段生产力发展状况，搞"纯之又纯"的公有制，排斥市场经济、排斥其他经济成分，闭关锁国搞建设，是我国社会主义建设走了二十多年弯路的重要教训。当然，放弃社会主义公有制，放弃社会主义制度，走资本主义道路，对中华民族来说，同样也是一场灾难。

什么是量？量同质一样，也是事物所固有的。**量是事物存在和发展的规模、程度、速度等可以用数量表示的规定性。**

社会主义初级阶段的社会主义经济基础既要有质的规定性，还要有量的规定性。社会主义公有制占主体既要体现在质上，还要体现在量上。

质发生变化了，一事物就会变成另一事物。质的规定性是使事物成为该事物而不是他事物的根本理由。而量的规定性则不同，同一类事物可以有不同的量，在一定限度、一定范围内，事物量的变化不会影响到事物质的变化。

任何事物都是由不同要素构成的，各个构成要素的量是互相影响、互相制约的。譬如，水是由氢元素、氧元素构成的，每一个水分子由两个氢原子和一个氧原子构成，它们互相影响、互相制约，结合成水，如果任一要素的量发生变化，就不能成其为水。譬如，国民经济必须按比例平衡发展，第一产业、第二产业、第三产业各占多少比重，第一产业中的各个行业各占多少比重，都要有合理的比例，片面强调重工业，轻视轻工业，轻视农业，轻视服务业，就会造成国民经济发展比例失调。就好比一个人，身上所需求的各种营养养分比例失调就会生病，就会影响健康。

当然，在一事物中相互结合、相互作用的各方面的量，也有主次之分，有的量关乎大局，有的量无关大局或对大局的影响很小。例如，在旧中国，工人阶级人数虽然不多，但却是新生产力的代表，是近代中国最进步的阶级，这就决定了中国共产党的阶级基础，决定了中国工人阶级的领导地位，决定了中国新民主主义革命的性质。又如，研究我国国情，必须注意人口数量，注意人口中农民的比重，这是我们认识中国国情的两个最基本的数量因素。再如，在实现中国社会主义现代化发展进程中，既要注意生产力的发展质量，也要注意生产力的发展速度。离开一定的速度，生产力的发展也就毫无意义了。邓小平在谈到我国经济发展速度时曾指出，什么叫慢？实际上慢就是停顿，停顿就是后退。逆水行舟，不进则退。看样子，如果我们始终保持6%的速度就是停顿，就是后退，不是前进，不是发展。[1]一定的生产力发展速度是必要的，一定的发展速度反映了一定的生产力水平。

认识事物的质固然十分重要，但认识事物的量同样不可忽视，无论分析什么问题、做什么决策、采取什么举措，首先要做到"心中有数"。

指挥作战，就要对敌我力量作准确的估量，从事科学研究，既要有定性分析，也要有定量分析。现代科学技术与现代化大生产都把量的分析提到十分重要的地位，以准确的数据统计作基础，运用电子计算机进行模拟实验，为科学决策提供依据。现代数学有一个分支学科叫"模糊数学"，它不是抛弃量的分析，而是运用数学方法对现实世界中一下子搞不准确数量的事物，如高速运行的物体、复杂的社会问题等，对其数量作限度的、范围的、程度的、类别的分析，实际上这也是一种定量分析。

整个现代社会是一个复杂的巨系统，把握社会规律，推进社会发展，必须对复杂的社会巨系统有清醒正确的科学认识。这就需要对复杂的社会巨系统进行科学的定量分析，只有在科学定量分析的基础上，才能实现准确的定性分析。认识社会巨系统，不仅要面对经济问题，还要面对政治问题、文化问题以及各种各样的社会问题，这些都需要作科学的定量分析，没有定量也就没有定性。比如社会动荡问题，是多种复杂的经济、政治、社会因素促成的，对此作出科学的预测和判断是一个大难题。这就要对影响社会动荡的各类因素作精确的数量分析。如果不把分配、物价、就业、卫生、人口、教育、资源、环境、社会保障等社会问题特别是贫富差距问题，保持在一个可以控制的数量范围之内，而是任其恶化，社会动荡就难以避免。目前我国贫富差距到底是什么状态，对此说法很多，究竟哪个说法是准确的，需要作科学的、精确的、整体的数量分析。只有对经济、政治、文化、教育等各方面进行了精确的定量分析，在这个基础上才能对复杂的社会巨系统问题作出精确的、定性的科学判断。科学判断最终是定性分析，然而定性分析必须有多学科的精确定量的综合分析作基础和依据。康德认为，一门科学只有成熟地运用数学，才能称其为科学。[2] 他这里讲的数学不是指数量的统计和数字化，而是指实验现象背后的数学模型的解释。保尔·拉法格（Paul Lafargue，1842—1911 年）在《忆马克思》中谈道，马克思认为，"一种科学只有在成功地运用数学时，才算达到了真正完善的地步"[3]。恩格斯也表达过类似的意思：数学在一门科学中应用的程度，标志着这门科学成熟的程度。可以说，社会科学一旦可以运用精确的数量分析，将意味着社会科学成为现代意义上的"科学"。在科学理论指导下广泛地收集一切可以收集的数据，加以计算和推理使之成为更为精确和严谨的定量分析，才能使对社会问题的科学认识达到科学的理论高度与深度，才能正确地认识社会问题，有效地解决社会问题。

什么是度？**质与量的统一就是度。任何事物都既有质又有量，度是质与量的统一体。**

恩格斯说："每一种质都有无限多的量的等级，如色彩的浓淡、软硬、寿命的长短等等。"[4] 没有一个事物是没有质而有量的，任一事物的规格大小、程度深浅、速度快慢、水平高低，都以该事物的质作为基础，即使数学研究的纯粹的量，也存在质的差异，如正数与负数、整数与分数、偶数与奇数、有理数与无理数、实数与虚数等。同样，也没有一个事物是没有量而有质的，任何事物的质都以一定的量为条件、前提和基础。譬如，以铁制工具为标志的封建社会生产力，有多少数量铁制的犁、锹、镐等工具，这是封建社会生产力成熟的重要数量标志。

在任一事物中，质与量是相互联系、相互规定、相互制约的。一定的质决定一定的量，一定的量又决定一定的质。质规定量，量支撑质。不同质的事物是由一定的量所决定的，具有一定量的界限，超过这一量的界限，事物的质就要发生变化。量以质为基础，质制约着量，质又以一定的量作为必要条件，任何事物的质都以数量为条件。无寸土不成长城，无独木不成森林，无滴水不成江河。没有生产力数量上的大发展，社会主义初级阶段就不能向更高阶段发展，就是这个道理。

认识事物的度，正确掌握事物质与量的统一，才能把握事物变化的内在规律，有效地改造客观世界。度是一定事物保持自身质的数量界限，是事物的质所能容纳的量的活动范围，在这个数量限度内，量变不会引起质变，超出这个限度，事物就会发生质的变化。

毛泽东说："任何质量都表现为一定的数量，没有数量也就没有质量。我们有许多同志至今不懂得注意事物的数量方面……不懂得注意决定事物质量的数量界限，一切都是胸中无数，结果就不能不犯错误。"[5] 例如，一个人的正常血压是舒张压 60—90mmHg，收缩压 90—140mmHg，低于或高于这个数量界限，不是低血压就是高血压，就会发生病变。防止血压低或血压高，就要把握好"度"，既不让血压低于这个限度，也不让血压高于这个限度。

——认识事物的度，首先要把握事物变化的关节点。任何事物的度都有其关节点，一定限度内的两端极限就是事物发生质变的关节点。可见光线（红、橙、黄、绿、青、蓝、紫）的波长范围是 7700—3900 埃的区域，波长大于 7700 埃的是红外线，小于 3900 埃就变为紫外线了。人们要学会认识到事物变化的关节点，准确地把握住关节点。当事物在某个关节点上向前运动会产生好的结果时，人们就应当促进事物向正常超越这个关节点突进；当事物在某个关节点上向前发展会产生坏的结果时，人们就应当防止事物超越这个关节点。

——认识事物的度，就要把握好最佳适度的量。在事物的质所能容纳的量的活动范围内，能够最好地满足事物质的需要的量，叫作最佳适度的量。比如，对农作物实行合理密植有一个最佳种植密度，对农作物进行灌溉有一个最佳灌溉时间和最佳灌溉量。每一阶段我国国民经济发展都有一个最佳适度量，低于或超过这个度都不利于该阶段国民经济的发展。当然，最佳适度量都是相对的，不是固定不变的。

——认识事物的度，要注意掌握适度的原则，把握好分寸和"火候"。有一个成语"过犹不及"，"不及"是达不到一定的度，"过"是超过一定的度，"不及"与"过"二者不同，但结果却只有一个，那就是把好事办砸，变成坏事。

在中国革命的历史上，曾经出现过"左"、右两种错误倾向，"左"是超越中国革命的客观条件，采取了为当时中国国情所不容的过激的路线、政策和行动，不但革命革不成，反而害了革命。王明的"左"倾教条主义路线，险些将中国革命引向失败。幸亏有了毛泽东的正确领导，才使中国革命转危为安。右是落后于中国革命的客观条件，采取了为当时中国国情所不容的落后的路线、方针和行动，导致中国大革命失败的右倾机会主义路线，把革命领导权让给资产阶级，使轰轰烈烈的大革命归于失败，大批共产党人和革命群众遭到屠杀，陷入白色恐怖之中。"左"和右造成的都是同样的结果。这就好比两个人同时掉进粪坑，从粪坑左边爬出来的人笑话从右边爬出来的人，说："你是臭的，我是香的，因为你是右派，我是'左'派。"实质上两人都是一身粪臭，味道是一样的。在中国社会主义建设道路上也是同样，超越中国社会主义初级阶段的国情，采取"过"的路线、政策，欲速则不达，不仅建不成社会主义，反而还使社会主义事业陷入濒临失败的境地。按照社会主义初级阶段的国情办事，就能够发展中国特色社会主义，我国至今的改革开放成就充分证明了这个道理。适度原则随处可见。医生给病人开药方，剂量太小，没有疗效，剂量太大，可能导致病人中毒或死亡。批评过头，让受批评的人反感，达不到教育人、团结人的目的；批评太轻，轻描淡写，不仅达不到教育人、团结人的目的，反而可能会姑息养奸、养虎为患，纵容犯错误的人。因此，在办事时，一定要反对思想上的片面性和直线性，掌握好适度原则，"不及"和"过"都是要注意防止的。

当然，还有一个成语叫"矫枉过正"，说的是纠正错误而超过了应有的限度。有人常用这句话去约束人们的活动，要人们只在修正原有规矩的范围内活动，而不许完全破坏原有规矩。在修正原有规矩的范围内活动，叫作合乎"正"，如果完全破坏原有规矩，就叫作"过正"。

1925 年爆发的震惊中外的五卅运动，标志着中国大革命高潮的到来，风起云涌的工人运动、农民运动、青年运动和妇女运动席卷中华大地。北伐军进入湖南后，湖南农村掀起了一场迅猛异常的革命风暴，攻击矛头直指土豪劣绅、贪官污吏，旁及各种宗法的思想和制度。随后农民运动扩展到湖北、江西、河南和北方一些地区。许多地方的地主政权、地主武装被打得落花流水，农民协会成为乡村农民的权力机关。当时国民党改良派和共产党党内右倾机会主义者站在农民运动的对立面批评农民斗争"矫枉过正"，否定农民运动。毛泽东在 1927 年 3 月撰写了《湖南农民运动考察报告》一文，热烈赞颂农民群众打翻乡村封建势力的伟大功绩，尖锐地批驳党内外责难农民运动的各种谬论，阐明农民斗争同革命成败的关系。他尖锐地批驳有些人攻击农民运动"过分""未免太不成话""糟得很"的谬论，强调"矫枉必须过正，不过正不能矫枉"，认为农民运动是农民阶级推翻封建地主阶级的权力的革命。农村若不用极大的力量，绝不能推翻几千年根深蒂固的地主权力。毛泽东用"矫枉必须过正，不过正不能矫枉"驳斥上述错误言论，坚持认为要终结旧的封建秩序，必须用群众的革命方法，而不是用修正的、改良的方法。这里也讲到度的问题。就好比一个弹性很强的弯曲了的金属棒，要把它扳直，必须扳过头才能变直。适度原则，也有一个对度把握的幅度问题，把握适度的幅度，也是适度。

认识事物的度，要注意按照事物度的发展规律办事。事物发展总是要超出自己的度，这是合乎规律的事情。把握好度，还要善于掌握事物发展的客观进程，不能主观主义地去超越事物的度。但当条件具备、时机成熟的时候，还要促进事物超出它原有的度，推进客观事物向更高阶段或程度发展，这叫作适度而动。

二、认识质量互变规律，促进事物质的飞跃
——达尔文"进化论"、斯宾塞"庸俗进化论"与居维叶"突变论"

以自然选择为核心的达尔文进化论，第一次对整个生物

界的发生、发展作出了唯物的、辩证的解释，动摇了神创论、物种不变论等唯心主义形而上学在生物学中的统治地位，使生物学发生了一场革命性变革。进化论是人类历史上第二次重大科学突破：第一次是日心说取代地心说；第二次就是进化论取代神创论和物种不变论。恩格斯将"进化论"列为19世纪自然科学的三大发现之一（其他两项是细胞学说、能量守恒和转化定律），认为它是人类哲学思想伟大变革——马克思主义哲学创立的自然科学前提。

1809年2月12日，达尔文出生在英国的施鲁斯伯里。祖父和父亲都是当地的名医，希望他将来继承祖业，16岁时便被父亲送到爱丁堡大学学医。但达尔文从小就热爱大自然，尤其喜欢打猎、采集矿物和动植物标本。学医后，他仍然经常到野外采集动植物标本。父亲认为他"游手好闲""不务正业"，一怒之下，于1828年又送他到剑桥大学，改学神学，希望他将来成为一个"尊贵的牧师"。达尔文对神学院的神创论等谬说十分厌烦，仍然把大部分时间用于听自然科学讲座，自学自然科学书籍，热心于收集动植物标本，对神秘的大自然充满了浓厚的兴趣。

1831年，达尔文从剑桥大学毕业，放弃了待遇丰厚的牧师职业，献身于自然科学研究。这年12月，达尔文以"博物学家"身份，自费搭上英国政府组织的"贝格尔号"

军舰进行环球考察。在漫长艰苦的考察过程中，达尔文根据考察到的动植物物种变化情况，思考着一个问题：自然界的奇花异树、人类万物究竟是怎么产生的？为什么会千变万化？彼此之间有什么联系？达尔文逐渐对神创论和物种不变论产生了怀疑。1832 年 2 月底，他到达巴西，上岸考察。当他攀登到海拔 4000 多米的安第斯山上时，意外地在山顶上发现了贝壳化石。达尔文非常吃惊："海底的贝壳怎么会跑到高山上了呢？"最后他终于搞明白了地壳升降的道理，得出了一个科学结论："这条高大的山脉地带，在亿万年前，是一片海洋。"当到了安第斯山的最高峰时，他俯瞰山下，发现山脉两边植物的种类并不相同。再仔细一看，即使同一种类，也相差很远。它们为什么会有如此明显的差别呢？达尔文进一步认识到："物种不是一成不变的，而是随着客观条件的不同而相应变异！"

在历时五年的环球考察中，达尔文积累了大量的资料。回国之后，他一面整理资料，一面深入实践，同时，查阅大量书籍，为他的生物进化理论寻找根据。1859 年 11 月，达尔文经过二十多年研究而写成的科学巨著《物种起源》终于出版了。《物种起源》是达尔文进化论的代表作，标志着进化论的正式确立。书中用大量资料证明了世界上的一切生物都不是上帝创造的，而是在遗传、变异、生存斗争中和自然选择中由简单到复杂、由低级到高级不断变化发展的，进而提出了生物进化论学说，摧毁了各种唯心的神创论和物种不变论。

紧接着，达尔文又撰写出版了他的第二部巨著《动物和植物在家养下的变异》，以不可争辩的事实和严谨的科学论断，进一步阐述了他的进化论观点，提出了物种的遗传和变异、生物的生存斗争和自然选择等重要论点。1882 年 4 月 19 日，这位伟大的科学家因病逝世，世人把他的遗体安葬在牛顿的墓旁，以表达对这位科学家的敬仰。

达尔文进化论科学地证明了事物发展的质量互变规律的普遍性和客观性。在生物界，每个物种受一定自然条件的影响和作用，在互相竞争的生长过程中，有一个量变的过程，有一个一代一代基因遗传的过程，当量变积累到一定程度，物种的基因发生突变，遗传发生中断，就会产生物种的变异，即质变。

量变与质变是事物运动的两种状态，量变与质变相互依存、相互渗透，在一定条件下相互转化，由量变到质变，再由质变到新的量变。

事物的质与量都是运动变化的，没有绝对固定的质，也没有绝对固定不变的量，事物的质量互变是客观的，又是普遍存在的。

什么是量变？量变是事物在数量上的增加或减少，是一种连续的、逐渐的，有时是不显著的变化。我们在日常观察中所看到的事物的统一、静止、平衡、相持等状态，都是事物处于量变过程之中呈现的状况。

什么是质变？质变是事物根本规定性的变化，是由一种质态向另一种质态的突变，是该事物渐进过程的中断，是质的飞跃，是事物内部统一、相持、平衡状态的破坏，统一物的分解、对立、运动就是事物处于质变过程中的状态。飞跃是质变成功的表现。

——事物的质变是由量变引起并总是先从量变开始的。老子说："合抱之木，生于毫末；九层之台，起于累土；千里之行，始于足下。"[6] 荀子（约前 313—前 238 年）说："积土成山"，"积水成渊"，"不积跬步，无以至千里；不积小流，无以成江海"。[7] 这都包含由量的积累引起质变的思想。

——量变和质变的互相转化就是质量互变，这是事物发展的普遍规律。事物在数量上的增加和减少，在一定限度内，不致引起质的变化。然而，量的变化一旦超出这个界限，旧质就会消灭，新质就会产生，这就是由量变到质变的转化。然而，在新质的基础上，又会发生新的量变过程，这是由质变到量变的转化。量变引起质变，质变又引起了新的量变，由量变到质变，再由质变到量变，循环往复以至无穷，构成了事物无限多样的发展过程。

人们的社会实践和科学研究证明了质量互变规律是普遍存在的客观规律。量变引起质变的规律在自然界的无机物中是普遍存在的，如宇宙现象、物理现象、化学现象，俯拾皆是，在化学运动中表现得尤其明显。恩格斯说："化学可以说是研究物体由于量的构成的变化而发生的质变的科学。" [8]门捷列夫（Mendeleyev，1834—1907 年）的元素周期表说明，在自然界，原子量的变化引起元素质的变化。现代科学更加精确地断定，原子核电荷数量的变化引起元素的质变。有机化学的每一个同系列表明化学运动中量向质的转化。

生物物种的进化，由旧物种到新物种的转化，也是从量的积累到质的飞跃过程。生物进化的根本原因是生物体内部遗传和变异的矛盾。除此之外，还需要一定的外部条件。在环境的影响下，旧物种逐渐获得某些性状和机能，积累到一定程度，变异性因素战胜了遗传性因素，旧物种发生质变，成为新物种。

人类社会的发展，也是渐进性的量变进化和飞跃式的质变变革互相交错的过程。社会生产力发展到一定程度，现存的生产关系便不再适应生产力发展的要求，就会引起社会革命，生产方式和整个社会就会发生根本的质变。

人的认识，由肤浅的表面认识，进到深刻的规律性认识，也是一个由量变到质变的发展过程。感性材料十分丰富并合乎实际，才能实现向理性认识的飞跃。科学上每一次重大的突破，都有一个反复实践、积累材料、酝酿准备的过程。

量变质变是互相作用、互相制约、辩证统一的。量变是质变的必要准备，质变是量变的必然结果。没有量变，不可能发生质变，量的变化积累起来，达到一定程度，就不可避免地引起质变。另一方面，质变又带来新的量变，为新的量变开辟空间。旧质限制了量的活动范围，如果不通过质的根本变革，量的变化就不能超出这个限制范围。只有质变，才能在新质的基础上，开始新的量变。

量变是渐进的发展，质变则是中断式、跳跃式、飞跃式、突变式的发展。

没有旧质向新质的质变式的飞跃就没有发展。譬如，社会革命就是历史发展的中断、飞跃和质变。在旧社会内部，新社会的因素酝酿成熟到一定程度，造成了新制度的生产因素，就会酝酿革命，社会革命就是质变，这种质变意味着社会的跳跃式发展。中华人民共和国成立，彻底改变了旧中国半殖民地半封建社会的社会性质，新中国代替旧中国，中国社会发生了一次质的跳跃式飞跃。当然，质变并不意味着量变不重要，没有量变就没有质变，当量变积累到一定程度，不实现质的变革，事物就不可能继续前进，质变遂成为事物发展的决定性因素。譬如，水不断地加热升温，加热到沸点，就会沸腾起来，如果沸水在有盖的容器里，水蒸汽就可能冲破容器盖。在质变量变的关系上，既要反对忽视质变的重要意义，反对把发展仅仅归结为量的增减，又要反对不加分析地讲质变优于量变，否认量变是质变的必要准备。

质变有前进性和倒退性两种状况。

新的战胜旧的，新质战胜旧质，新物种取代旧物种，高级社会形态代替低级社会形态，由无知发展到有知，是前进性质变；生物物种的退化，思想道德的堕落，旧社会的暂时复辟，革命党和革命者的腐化，是倒退性的质变。事物发展的总趋势是前进的，倒退只是暂时的。无论前进性质变或倒退性质变，都是由量变引起的，量变也有向下、向上两种状态的区别。一定程度的向上的量变引起前进性的质变，一定程度的向下的量变引起倒退性的质变。

由于量变与质变有向上或向下、前进性或倒退性的区别，因此在实际工作中必须区分哪些是向上的量变，哪些是向下的量变，哪些是前进性的质变，哪些是倒退性的质变。向上是新量的增加，向下是旧量的减少，前进性的是新质的变化，倒退性的是旧质的变化。我们要做向上的量变、前进性的质变的促进派。对于向上的量变和前进性的质变，要创造条件，积极促进；对于向下的量变和倒退性的质变，要防微杜渐，防患于未然。

形而上学反对唯物辩证法的质量互变规律原理。

一种形而上学的观点是只承认量变而否认质变。19世纪末20世纪初英国哲学家斯宾塞（Spencer，1820—1903年）提出庸俗进化论，只承认事物发展的渐变，否认事物发展中的突变，只承认发展中的量变，否认事物发展的质变，否认事物发展变化的根本原因是事物的内部矛盾性。他认为自然界现有的秩序是一种渐进过程的产物，事物发展的渐进性乃是宇宙的根本规律。斯宾塞企图用生物进化的庸俗观点来说明社会现象，认为社会的发展同样只有量变，人类社会只是逐渐进化的历史，而不是矛盾斗争和社会不断革命的历史。他庸俗地套用达尔文进化论，用种族之间斗争的"优胜劣败"或气候、地理环境的因素来解释社会现象，否认社会内部的深刻矛盾是社会发展的根本原因，反对阶级斗争和社会革命，主张改良和阶级调和。斯宾塞的庸俗进化论实际上是资产阶级的反动政治哲学，是资产阶级改良主义的理论基础，它意在不触动资产阶级统治的条件下，实行某些微小的改良，反对社会主义取代资本主义的社会革命。

还有一种形而上学的极端观点是不承认质变有一个量变过程，否认量变在事物发展中的作用，这就是19世纪法国自然科学家居维叶（Cuvier，1769—1832 年）的"突变论"。
19 世纪到 20 世纪法国生命哲学家伯格森（Bergson，1859—
1941 年）的"创造进化论"是这种极端观点的代表。"突
变论"认为，有机界的变化是由于突然性的质变所引起的；
"创造进化论"把进化看成是绝对新的东西的连续制作。这
些观点都否认质变是量变的结果，否认发展是事物自身量变
引起的质变。在工人运动和社会主义革命进程中，无政府主
义和"左"倾冒险主义看不到社会变革需要有一个过程，不
承认革命有一个积蓄力量的过程，需要有一个量变到质变的
过程，不愿意做艰苦的革命准备工作，企望革命一举成功。
如今在推进社会主义的改革过程中，无论是经济体制改革，
还是政治体制改革，都要有准备、有步骤，逐步进行，循序
渐进。不做准备，贸然从事，会给社会主义改革开放事业带
来巨大损害。

三、把握总的量变过程中的部分质变
——关于中国特色社会主义所处时代和历史方位的科学判断

在总的量变过程中发生阶段性的部分质变，这在自然界
和人类社会中是极其普遍的现象。

譬如，任何一个生命体，从生成到死亡是一个总的量变过程，生成是一次根本质的变化，死亡也是一次根本质的变化，然而在从生到死的总的量变中，总要发生阶段性的部分质变。小麦从种子发芽而生成一直到枯萎而死是总的量变过程，然而在总的生长过程中，种子萌芽是一次阶段性的部分质变，破土而出又是一次阶段性的部分质变，拔节生长也是一次阶段性的部分质变，抽穗成熟又是一次阶段性的部分质变，在总的量变生产过程中，小麦一部分一部分的阶段性质变终将会走到枯黄死亡的完全质变。一个苹果从成熟到完全腐烂有一个部分质变的过程，先是一部分一部分地腐烂坏死，最后发展到全部腐烂坏死，部分质变发展到根本质变。人从生到死是一个总的量变过程，其中童年、少年、青年、壮年、老年都是阶段性的质变。社会历史也是这样，从自由资本主义到垄断资本主义，再到现代资本主义，是资本主义社会总的量变过程中的阶段性的部分质变。

量变与质变并不是绝对分开的，而是互相交叉、互相渗透的。在量变中有部分质变，在总的量变过程中包含着许多部分质变。

部分质变，或者表现为根本性质未变只是比较次要的性质发生变化，使事物呈现出阶段性；或者表现为就整体来说性质未变而其个别部分发生性质的变化。

以总的量变过程中的部分质变的观点来观察社会历史进程，就可以正确判断今天我们中国特色社会主义所处的时代和历史方位。

根据马克思、恩格斯的时代判断，从总的量变进程来看，从人类历史发展长河的总体上来说，我们正处在资本主义要逐步走向灭亡、社会主义要逐步走向取代资本主义的历史时代，充满了社会主义与资本主义两种力量、两种命运、两种前途、两种道路的生死博弈。在该时代，工人阶级处于努力进行社会主义革命和社会主义建设的历史方位上。

迄今为止，总的时代特征并没有改变，但是在该时代总的发展进程中，已经经历了第一个历史阶段，走过了第二个历史阶段，正处在第三个历史阶段。这三个阶段分别呈现出不同的阶段性特征。

——从世界近代以来的历史发展进程来看，第一个阶段是马克思、恩格斯所处的自由竞争资本主义与工人和社会主义运动兴起阶段。由于自由竞争资本主义不可克服的内在矛盾已经十分尖锐、完全暴露出来了，阶级对立，两极分化，工人阶级作为新生产力的代表已经登上政治舞台，工人阶级与资产阶级的阶级搏斗已经展开。马克思、恩格斯对自由竞争资本主义阶段的特征作了科学明确的判断，从而揭示了资本主义必然灭亡、社会主义必然胜利的历史一般规律，体现在他们的不朽著作《资本论》中。

——第二个阶段是列宁所处的垄断资本主义阶段，即帝国主义战争与无产阶级革命阶段。列宁认为，由于自由竞争资本主义内部矛盾激化，资本主义从自由竞争走向垄断，发展到垄断资本主义即帝国主义阶段。帝国主义并没有消除自由竞争资本主义的内在矛盾，反而使其更为激化。帝国主义因争夺殖民地而导致帝国主义之间的矛盾激化，从而引发战争。战争引起革命。由于帝国主义经济政治发展的不平衡，社会主义革命有可能在资本主义统治的薄弱环节发生。列宁的判断是符合 19 世纪末 20 世纪初自由竞争资本主义发展到垄断资本主义即帝国主义阶段的特征的。因垄断资本主义自身不可克服的内在矛盾而导致资本主义总危机的爆发，引起战争，战争引发革命。列宁所处时代正处于帝国主义战争和无产阶级革命时代，时代主题是战争与革命，这是符合当时时代所呈现出来的阶段性部分质变特征的。第一次世界大战引发十月革命；第二次世界大战引发一系列社会主义革命（包括中国革命），这些历史事实证明了列宁的判断是正确的，列宁的《帝国主义论》正是对该时代阶段的理论判定。

——第三个阶段就是中国特色社会主义所处的发展阶段，即当代社会主义与资本主义斗争与发展阶段。随着国际形势的变化，时代发生了阶段性的变化，出现了新的阶段性特征，需要对时代的阶段性特征的变化作出新的判断。邓小平率先对时代的阶段性特征变化作出新判断。20 世纪六七十年代东西方冷战还没有完全结束，东西方对抗、美苏争霸还是国际形势的主要方面，但进入 20 世纪七八十年代以来，苏东剧变，冷战结束，社会主义阵营不复存在，国际形势逐渐发生变化。邓小平第一个作出总的时代没有变但有了新的阶段性特征变化的判断。他认为当今世界面临两大问题：一是和平，一是发展，而不是战争与革命。和平与发展两大时代主题的判断符合第三个阶段性部分质变的特征变化。邓小平的战略性判断决定了我们国内政策和对外关系总方针的重大转变，引起了我们处理国内、国际问题的策略发生改变，以经济建设为中心，实行社会主义改革开放的总国策，构建和平的外部环境，集中力量搞国内建设，走中国特色社会主义和平发展道路。

和平与发展是对今天发展阶段时代主题的判断，是对今天资本主义与社会主义两大力量对比发生阶段性变化的科学分析，并不影响对总的时代特征的总的性质的判断。和平与发展是主题，并不是说资本主义生产的社会化和占有的私人性质的基本矛盾就消失了，况且和平与发展的问题，至今一个也没有解决。国际金融危机充分说明资本主义社会基本矛盾依然存在、依然起作用、依然不可克服，只不过表现形式不同，总的历史趋势没有改变，总的时代性质也没有发生根本质变。

事实上，无论哪一部分质变，对于事物的根本质变来说，都是总的量变过程中较小范围或较小规模的飞跃。然而，部分质变会促进总的量变，并为整个事物的根本质变创造条件，因而对于事物的发展具有重要意义。

俗话说，饭是一口一口吃的。在中国革命战争年代，仗是一次一次打的，敌人是一个一个消灭的，根据地是一块一块建立的。我们党通过在农村一块一块地建立革命根据地，一个一个地建立革命政权，一部分一部分地消灭敌人，一次一次地夺取阵地，最后取得全国革命的胜利。在我国改革开放时期，可以允许一部分地区先富起来、发展起来，最后通过统筹兼顾，走共同发展、共同富裕之路，这就是革命和建设的阶段性与渐进性的统一，是总的量变过程中的阶段性质变，阶段性质变的逐步累加必然带来根本性的质变飞跃。

在质变过程中，也有量的扩张。

因为，事物的飞跃、质变也有一个过程，在事物的质变开始后，伴随新的质大量增加，量也迅速扩张，这就是质变过程中量的扩张过程。我们既要看到量变中有质变，也要看到质变中有量变。

四、要研究质量互变的特殊性

——事物质变的爆发式飞跃和非爆发式飞跃

把握质量互变规律，最重要的是掌握质量互变规律的特殊性。

不同事物的内部矛盾和外部条件的特殊性，决定了事物的量变、质变、质量互变是具体的、多样的。例如，自然界的质量互变和人类社会的质量互变就不同。同是自然界，物理现象、化学现象、生物现象的质量互变也不同。在现实生活中，认识质量互变问题，一定要具体分析量变如何引起质变、质变如何决定量变、量变中如何有质变、质变中如何有量变的特殊性，一定要具体问题具体分析。就拿战争来说，解放战争中的辽沈战役、平津战役、淮海战役这三大战役，战争发生的地理条件不同，军队的数量不同，兵力的组织和部署不同……对这些不同的量都要作具体分析，才能制定出正确的作战方针和方案，才能取得战胜对手的根本质变。三个战役采取同样的作战方案、同样的打法肯定不行。

事物的一种质转变为另一种质，都是通过飞跃即渐进过程的中断来实现的。

譬如，生物的基因突变现象，引起物质的质变或部分质变。事物的飞跃即事物的质变，其形式也是千差万别、十分不同的。由于事物内部矛盾的特殊性及该事物外部条件的特殊性，决定了事物飞跃的形式不是千篇一律的。

在自然界和人类社会，质变的飞跃大体上分爆发式飞跃和非爆发式飞跃两大类。爆发式飞跃表现为对立双方剧烈的外部冲突，非爆发式飞跃不表现为对立双方剧烈的冲突。

自然现象中打雷、闪电、地震、火山爆发、天体冲撞等，都是爆发式飞跃。人类社会的战争也是爆发式飞跃。生物的生长、社会的改良等，都是非爆发式的飞跃。

在社会领域中，一般来说，爆发式飞跃是对抗性矛盾的解决形式，非爆发式飞跃是非对抗性矛盾的解决形式。

在一定条件下，对抗性矛盾也可能采取非爆发式飞跃形式，非对抗性矛盾也可能采取爆发式飞跃形式。在解放战争时期，长春是通过围城而迫使国民党军队投降而导致和平解放的，天津是直接运用战争手段解放的，北平则通过争取国民党军队起义而和平解放的，这些城市获得新生就是质的飞跃，但它们质变的形式即飞跃的形式不同，有的是爆发式飞跃，有的则是非爆发式飞跃。

毛泽东在《矛盾论》中指出："对抗是矛盾斗争的一种形式，而不是矛盾斗争的一切形式。"[9] 根据这一论述，可以把对抗理解为在矛盾发展的一定阶段上，矛盾双方采取外部冲突即爆发式飞跃的形式来解决矛盾的一种斗争形式，对抗是矛盾的特殊解决形式。只有矛盾双方在本质上根本对立，最后又不得不采取外部冲突即对抗的形式（爆发式飞跃）来解决的矛盾，才是对抗性矛盾。矛盾双方在本质上根本一致，而在矛盾发展的最后又不必采取外部冲突的形式来解决的矛盾，是非对抗性的矛盾，非对抗性矛盾一般采取非对抗的斗争形式即非爆发式飞跃的方式来解决。

在我国社会目前阶段，仍然存在两种不同性质的矛盾：一种是敌我矛盾，一种是人民内部矛盾。这是两种不同性质的矛盾，不同质的矛盾必须用不同质的办法来解决。

从总体上看，人民内部矛盾是非对抗性矛盾，应当采取非对抗性、非爆发式的办法来解决。敌我矛盾是对抗性矛盾，在革命战争年代，可以用暴力革命的办法即爆发式飞跃的办法来解决，当然也不排除一定条件下用和平的办法来解决。在社会主义和平建设时期，一般采取非爆发式的办法来解决，用法律的、专政的办法来解决。如果混淆了两类不同性质的矛盾，用解决敌我矛盾的办法解决人民内部矛盾，就会出问题。当然，失去警惕，处理不当，人民内部矛盾也有可能激化或转化，出现严重的矛盾对抗和社会冲突。

面对复杂的国内外因素的综合作用，面对交错复杂的社会矛盾局面，如果我们失去警惕、混淆矛盾、政策不当、处理不妥，在一定条件下，人民内部的一些矛盾就有可能激化，以致产生对抗现象，人民内部的非对抗性矛盾就有可能转化为对抗性矛盾，甚至人民内部矛盾也可能转化为敌我矛盾。比如工人罢工、群众性的暴力冲突和流血事件，其中有些是因生活消费品供应不足或涨价引起群众不满，加上处理不当，使得矛盾积累、激化，最后导致成为对抗性的冲突，如果缺乏及时有力的处理，也会发展到暴力冲突的地步。在对抗性冲突中，除个别的少数坏人之外，大多数参与事件的人民群众，还是属于人民内部矛盾。对于人民内部所出现的矛盾对抗现象，如果不进一步采取及时有力的措施，也有可能进一步激化甚至转化为敌我矛盾。当然，人民内部的对抗现象只是人民内部非对抗性矛盾所采取的一种斗争形式，它不是最后的矛盾解决办法，也不是可采取的唯一解决方式，它往往是由于人们主观上警惕不够、行动上处理不当而造成的暂时的、局部的矛盾对抗现象，这并不反映人民内部非对抗性矛盾的本质。人民内部出现的矛盾对抗现象，不等于人民内部矛盾的非对抗性质，它只是人民内部非对抗性矛盾所采取的一种暂时的、个别的斗争形式。

在我国复杂的现实生活中，一定范围内存在的阶级斗争同人民内部的非阶级斗争性质的矛盾、一定数量的敌我矛盾同大量表现出来的人民内部矛盾、不占主导地位的对抗性矛盾同占主导地位的对抗性矛盾，并不是泾渭分明、清清楚楚地呈现在人们面前的，而往往交织在一起、难分难解，构成错综复杂的社会矛盾局面。在社会主义初级阶段，这种复杂的社会矛盾现象尤为突出。例如，学生、工人、农民、普通市民上街游行事件，一般来说，绝大部分群众主观上是爱国的，属于人民内部矛盾，但究其事件的起因来讲却又十分复杂，有敌对势力从中破坏的原因，也有我们工作中的失误和缺点引起群众不满的因素……其中隐蔽的、蓄意煽动破坏的极少数坏人则属于敌我矛盾。

一般来说，对于人民内部的矛盾对抗激化，直至出现爆发性的飞跃变化，都应采取非爆发式的解决办法，当然，对极个别的情况，也会不得已而采取爆发式飞跃的解决办法。

量变、质变的相互转化，总的量变过程中有部分质变，在质变过程中也有量的扩张，反映了事物发展的阶段性、连续性的统一。

任何新旧事物之间，甚至在同一事物、同一事物的同一变化过程的不同阶段，都是阶段性和连续性的统一。中国革命分为新民主主义革命和社会主义革命两个既相互区别又相互联系的阶段，社会主义初级阶段和更高阶段也是既相互区别又相互联系的阶段。既不能超越事物发展的阶段，又不能把事物的不同阶段截然分开，须知事物发展的前一阶段是为后一阶段作准备的，后一阶段需要有前一阶段作铺垫。既要反对"超越论"，又要反对"落后论"。革命、改革与建设必须是最高纲领和最低纲领的结合，既要着眼于未来，又要从眼前的情况出发，既要一步一步脚踏实地地解决现实问题，同时又要着眼未来，树立远大理想，不能搞短期行为和"一锤子"买卖。

结　语

关于质量互变规律，历来存在唯物辩证法和形而上学两种根本不同的观点。形而上学或是把一切变化都归于纯粹的量变，否认事物的质的变化，不承认一定的量变可以转化为质变；或是走到另一个极端，否认量变在事物发展中的作用，不承认质变有一个量变过程。要坚持唯物辩证法关于质量互变规律的原理，反对形而上学的极端观点，把握好适度原则，用来指导实践。

注　释

1　参见邓小平 1992 年 5 月 22 日视察首钢时的讲话。

2　参见雅斯贝尔斯:《什么是教育》,三联书店 1991 年版,第 115—116 页。

3　中共中央马克思恩格斯列宁斯大林著作编译局编:《回忆马克思》,人民出版社 2005 年版,第 191 页。

4　《马克思恩格斯文集》第 9 卷,人民出版社 2009 年版,第 497 页。

5　《毛泽东选集》第四卷,人民出版社 1991 年版,第 1442 页。

6　《道德经》第六十四章。

7　参见《荀子·劝学》。

8　《马克思恩格斯文集》第 9 卷,人民出版社 2009 年版,第 467 页。

9　《毛泽东选集》第一卷,人民出版社 1991 年版,第 334 页。

新事物终究战胜旧事物

——否定之否定规律

肯定一切，把一切都看作完美无缺的，就否认了事物发展前进的必要性，丢掉了事物发展前进的条件和前提；否定一切，就否认了事物发展前进的可能性和必然性。无论是肯定一切还是否定一切，实质上都是形而上学否定观的不同表现。

否定之否定规律是辩证法三大规律之一。否定之否定规律表明：由于事物内部的矛盾斗争和向对立面的转化，事物的发展总是表现为螺旋式上升、波浪式前进的运动，在发展进程中有曲折、回复，甚至会有暂时的倒退，但新生事物战胜旧事物是不可抗拒的自然法则。否定之否定规律原理揭示了事物发展的一般趋势和必然逻辑。

一、坚持辩证的否定观
——胚对胚乳的否定、麦株对麦种的否定

什么是哲学意义上的否定？

了解否定之否定规律，首先要搞清楚否定概念的科学内涵。哲学上讲的否定概念是有特定的哲学含义的，同人们日常话语所讲的否定不是一个意思。作为哲学概念的否定没有

149

贬义，没有绝对否定的意思。哲学上讲的否定是普遍存在于宇宙间的客观现象，是客观的，而不是主观的。否定概念不过是自然界、人类社会和人类思维普遍存在的客观现象在人们头脑中的反映而已，是人们对这种客观现象的哲学概括。

对待否定现象，有唯物辩证法和形而上学两种截然对立的见解。

形而上学虽然也承认否定现象的客观存在，但认为否定是由外部原因决定的，否定就是全盘抛弃；唯物辩证法同样承认否定现象的客观存在，承认否定的外因作用，但认为否定是事物内部自身原因引起的自我否定，自我否定是事物否定现象的根本原因，否定是事物内部自在矛盾的结果。唯物辩证法认为否定是一事物向他事物的转化，是质的飞跃，是事物发展和联系的环节，否定是扬弃。当然，唯心主义辩证法也承认否定的自我否定的特性、否定的扬弃的特性，但不承认否定的客观性，把否定仅仅理解为纯粹思想理念的纯逻辑运动。

否定、肯定与自我否定。

在自然界中，麦种在适当的土壤、水分、温度和养分的条件下，生长为麦株，麦株是对麦种的否定。麦株对麦种的否定是小麦这一具体事物内部的自我否定。宇宙间任何事物的内部都包含着肯定和否定两个方面，如电的正极与负极、数的正数与负数等，肯定方面是保持事物存在的方面，否定方面是促进事物灭亡的方面。肯定方面和否定方面既统一又斗争，构成了事物内部的两个方面的对立统一。肯定与否定对立斗争的结果是否定方面战胜肯定方面，取得支配地位，事物就转化到自己的对立面，这就是事物的自我否定。在麦种里，胚是否定方面，胚乳和种皮是肯定方面。胚在种皮的保护下，从胚乳中不断吸收营养物质，在适度条件下，生长分化出胚根、胚芽和子叶，突破种皮外壳，逐步生长发育成麦株（麦苗、麦秸、麦叶、麦粒），原来的麦种被否定了。麦株否定麦种的根本原因在于麦种内部的自身否定，适当的土壤、水分、养料和温度只是麦株否定麦种的外部条件，即外因。胚与胚乳、种皮之间的对立统一的斗争是麦株否定麦种的内部根据，即内因。雏鸡从鸡蛋中孵出，雏鸡是对鸡蛋的否定，但这种否定是鸡蛋内部的自我否定。受精的蛋黄是鸡蛋的否定方面，蛋清和蛋壳是鸡蛋的肯定方面，在一定温度下，蛋黄不断地吸收蛋清中的养分，并且接受蛋壳的保护和对温度的传递，逐步发育为幼鸡，最后冲破蛋壳，小鸡就是对鸡蛋的否定，即鸡蛋的自我否定。人类社会也是这样。在资本主义社会，社会生产力是否定方面，资本主义私有制的生产关系是肯定方面，社会生产力不断发展，必然冲破资本主义私有制生产关系的束缚，新的生产关系因社会生产力的需要而取代资本主义生产关系。资本主义生产力与生产关系的矛盾必然表现为工人阶级与资产阶级的人与人之间的阶级矛盾与阶级斗争，工人阶级是否定方面，资产阶级是肯定方面，工人阶级在同资产阶级的斗争中不断发展壮大，最后战胜资产阶级。社会主义社会对资本主义社会的否定，是资本主义社会内部的自我否定。

一切事物在产生时其内部就已经孕育了自己否定自己的因素，任何事物都要自我否定，走向自己的反面，永恒且长存的事物是不存在的。老子说"反者道之动"[1]，就说明了事物自我否定的道理。任何生命都包含着其否定的因素——死亡，因而任何生命总要由生转化为死，生意味着死。任何社会形态也包含着其否定的因素，原始共产主义社会内部包含其否定因素——奴隶社会的东西，奴隶社会内部包含着其否定因素——封建社会的东西，封建社会内部包含着其否定因素——资本主义社会的东西，资本主义社会内部包含着其否定因素——共产主义社会的东西，任一社会形态迟早要被更高级的社会形态所代替。马克思说"辩证法在对现存事物的肯定的理解中同时包含对现存事物的否定的理解，即对现存事物的必然灭亡的理解"[2]，讲的就是这个道理。

唯物辩证法的否定观就是辩证的否定观。

——辩证的否定观认为，否定是事物发展进程中具有决定作用的环节。新事物代替旧事物，就是辩证的否定。

马克思说："一切发展，不管其内容如何，都可以看做一系列不同的发展阶段，它们以一个否定另一个的方式彼此联系着……任何领域的发展不可能不否定自己从前的存在形式。"[3] 任何现实存在的事物都是一定条件下产生出来的，该事物所赖以存在的条件构成了该事物存在的理由，即存在的必然条件。随着时间的推移和条件的变化，该事物会逐步丧失其存在的理由即存在的条件，这样一来，它的消亡、为另一事物所代替也就成为必然。从这个意义上来说，否定是新事物与旧事物联系和替代的中间环节。当麦种被麦株所代替时，是麦株否定了麦种，是麦种自身内部胚对胚乳、种皮的否定，正是这种否定，构成了麦种与麦株、胚与胚乳、种皮联系与发展的决定性环节。当一种社会生产关系适合生产力发展时，该生产关系起着推动生产力发展的积极作用，而该生产关系所适应的生产力却同时产生出新的因素，逐步否定原有生产关系，原有生产关系逐步变成阻碍生产力发展的消极东西，新的生产力就会否定原有生产关系，适合生产力发展要求的新的生产关系就会取代旧的生产关系，从而旧的生产关系被新的生产关系所否定，旧社会被新社会所否定。自然界和人类社会就是不断地经过事物内部自我否定的环节而普遍联系着、不断发展的。

——辩证的否定观认为，否定中有肯定，肯定中有否定，决定了发展过程表现为连续性与非连续性的统一。旧事物是新事物产生的基础和条件，新事物要继承旧事物中合理的成分，这就是发展的连续性；肯定中有否定，发展中有质的飞跃，新事物代替旧事物，这又是发展的非连续性。事物发展的进程是否定中有肯定、肯定中有否定的过程，这就是发展的连续性与非连续性的辩证统一，否定是新旧事物相互联系和替代发展的环节。任何新事物都不是凭空出现的，而是从旧事物内部发展起来的。新生儿是在母体中孕育出来的，新事物是在旧事物中产生出来的，新社会的因素是在旧社会怀抱中发育起来的。作为对旧事物的否定而产生出来的新事物，是在保留了旧事物所包含的积极成果的基础上发展起来的。麦株是对麦种否定的结果，但麦株的产生离不开麦种提供的养分、基因和生长条件，麦株成熟后所孕育出新的麦种，自然保留旧麦种的遗传基因。所有的生物，一代一代的都相互保留前代的遗传基因，构成一代一代生育和繁殖的前提和基础。社会主义社会是从旧社会母体中产生出来的，它必然继承资本主义社会的一切积极成果，包括资本主义社会已经继承的以往社会形态的一切积极成果，这些积极成果构成了社会主义社会进一步发展的条件和前提。所以列宁指出："辩证法的特征的和本质的东西不是单纯的否定，不是徒然的否定……而是作为联系环节、作为发展环节的否定。"⁴如果不承认否定是联系和发展的环节，把以往的一切全盘否定，这就否定了更高级东西进一步发展的基础和可能性，也就否定了新事物必然代替旧事物的必然性。在现实生活中，全盘否定一切、推翻一切，或全盘肯定一切、接受一切，都是有害的。比如，搞社会主义建设，如果完全抛弃资本主义的一切积极成果，必定走进发展的死胡同。如果不抛弃、克服资本主义消极的东西，也就不成其为社会主义。

——辩证否定观主张的否定的实质就是扬弃。什么叫扬弃？哲学上的扬弃就是指新旧事物之间既否定又肯定、既克服又保留、既变革又继承的关系。辩证的否定观认为，辩证的否定，一方面是新事物否定旧事物、克服旧事物、变革旧事物，是事物之间质的根本改变；但另一方面，新事物在否定、克服、改变旧事物的质的过程中，又肯定、保留、继承了旧事物中积极的东西，新旧事物之间存在着不可分割的必然联系，存在着发展的连续性、继承性、肯定性。任何新事物中必然存在着旧事物的因素，我国社会主义现阶段的市场经济就肯定了资本主义社会中积极的东西，新生儿必然继承父母亲的遗传基因，麦株继承了麦种的基因成分……世上一切事物都是相互联系与发展的，客观现实生活中存在的否定现象就是这种辩证的否定，这种否定就叫作扬弃。

辩证法所讲的扬弃具有方法论意义。辩证否定观的本质就是承认肯定与否定的对立统一。承认扬弃，这就要求人们对事物不能简单地肯定一切或否定一切，而是要依据事物发展的规律和条件，审慎地进行扬弃。辩证法与形而上学这两种否定观是根本对立的世界观、方法论。形而上学认为，否定就是否定一切，或是简单说"不"，或是宣布某一事物根本不存在，或者对某一事物全盘否定、全盘消灭，这是主观的、任意的、从外部强加给事物的否定，是简单否定，是一笔勾销，是没有任何肯定、保留与继承的否定。在哲学史上，费尔巴哈对黑格尔哲学的否定就是这样一种形而上学的否定。他在否定黑格尔哲学的唯心主义体系时，连同其辩证法中的合理内容也一并抛弃了。恩格斯批评了这种简单的否定，他说："像对民族的精神发展有过如此巨大影响的黑格尔哲学这样的伟大创作，是不能用干脆置之不理的办法来消除的。必须从它的本来意义上'扬弃'它，就是说，要批判地消灭它的形式，但是要救出通过这个形式获得的新内容。"[5] 马克思、恩格斯扬弃了黑格尔和费尔巴哈古典哲学，批判它们错误的东西，继承它们合理的东西，把唯物主义和辩证法结合在一起，创立了辩证唯物主义。把人类哲学思想推向一个新的阶段。

——对任何历史文化遗产，辩证否定观提倡的扬弃就是批判地继承，这就是科学的态度。肯定一切、否定一切，都是片面的。毛泽东指出，必须把过去的文化分解为精华和糟粕两部分，剔除其糟粕，吸取其精华。简单地肯定一切或否定一切都是错误的。对历史文化采取复古主义态度就是简单地肯定一切，只要继承，不要变革，对过去的一切不论是精华还是糟粕，不加批判地全盘接收；对历史文化采取虚无主义态度就是简单地否定一切，只要变革，不要继承，对过去的一切一概加以排斥、抛弃。这两种态度都不是科学的态度。俄国十月革命以后在苏联一度出现的"无产阶级文化派"，认为无产阶级必须完全抛弃以往的一切历史文化遗产，主张在空地上建设社会主义，甚至要挖掉革命前沙俄留下的铁路，认为那是资产阶级的东西。我国"文化大革命"中，"四人帮"主张的"破四旧""大批判""宁要社会主义的草，不要资本主义的苗"的否定一切、批判一切、抛弃一切的做法，是对中国历史文化的摧残，是对社会主义建设的破坏。这种观点貌似革命，貌似坚持社会主义，实质上是取消社会主义文化、取消社会主义。社会主义不是从天上掉下来的，而是人类历史创造出来的共同财富。割断历史、割断文化是完全错误的。"全盘西化""全盘私化""全盘资本主义化"的思潮则是否定一切"左"的思潮的反动。彻底否定社会主义市场经济，彻底否定改革开放，彻底否定公有制为主、多种所有制并存的现状，同样也是错误的。在我国社会主义改革开放过程中，对市场经济完全采取一种新自由主义态度，主张市场就是一切，不要国家宏观调控，不要计划，也是否定一切；相反，只要计划、不要市场也是片面的。在国学研究中，对我国传统文化遗产，采取肯定一切或否定一切的态度都不可取。

对中国共产党的历史，对中国革命的历史，对中国建设的历史，对毛泽东和毛泽东思想，完全采取一种历史虚无主义的态度，否定党、否定党的历史、否定革命历史、否定中国社会主义建设历史，认为一切都不好、一无是处，甚至连正确的东西也一概抹杀，是思想领域否定一切的错误思潮。当然，把过去的历史完全肯定，认为一切都是好的，只能赞扬、不能批评，甚至把错误说成是正确的，也不符合历史实际。上述两种错误态度都混淆了是非界限，违背了实事求是的态度。毛泽东说："对于任何问题应取分析态度，不要否定一切。""我们许多同志缺乏分析的头脑，对于复杂事物，不愿作反复深入的分析研究，而爱作绝对肯定或绝对否定的简单结论。"[6] 在我们党的历史上有两个重要决议：一个是在延安时期形成的《关于党的若干历史问题的决议》；一个是改革开放新时期形成的《关于建国以来党的若干历史问题的决议》，对党的历史，包括领导人的功过是非，采取实事求是的态度，肯定了应当肯定的东西，否定了应当否定的东西。这对于统一全党认识、团结全党同志、推动党的事业发展，起到了极其重要的作用。

肯定一切，把一切都看作完美无缺的，就否认了事物发展前进的必要性，丢掉了事物发展前进的条件和前提；否定一切，就否认了事物发展前进的可能性和必然性。无论是肯定一切还是否定一切，实质上都是形而上学否定观的不同表现。

形而上学的否定观是同形而上学思维的绝对性、狭隘性、片面性一致的，它是在绝对不相容的对立中思维，把肯定与否定绝对对立起来，或肯定一切或否定一切。而唯物辩证法认为，肯定与否定是对立统一的，肯定中包含否定，否定中包括肯定，没有绝对的肯定，也没有绝对的否定。事物的发展就是由肯定到否定，又由否定到新的肯定，是不断扬弃、循环往复以至无穷的过程。要坚持辩证否定观，反对形而上学否定观，反对思维方法的绝对化和片面性。

二、否定之否定规律是客观的、普遍的
——毛泽东妙论飞机起飞、飞行和降落

据 1949 年 8 月开始给毛泽东当俄文翻译的李越然（1927—2003 年）在《缅怀毛泽东》一书中回忆：1957 年 11 月 2

日，毛泽东乘飞机去苏联访问，苏联驻华大使、哲学家尤金
（Yudin，1899—1968 年）陪同，毛泽东问尤金："你说说，
方才我们在机场，现在上了天，再过一会儿又要落地，这在
哲学上该怎么解释？"尤金作难地叹道："哎呀，这我可没有
研究过。""考住了？"毛泽东笑道："我来答答试试看，请你
鉴定鉴定。飞机停在机场是个肯定，飞上天空是个否定，再
降落是个否定之否定……""妙，妙！"尤金抚掌喝彩："完
全可以这样说明。"[7] 在这里，毛泽东用极其通俗的方法把
否定之否定规律说得十分清楚明白。飞机从北京飞起来，是
对停在北京的一次否定，降落在莫斯科则是对空中飞行的否
定，是二次否定。从地上到空中，又回到地上，在否定中有
肯定，不是落在北京而是落在莫斯科，是肯定中又有否定，
从而构成否定之否定。

否定之否定规律是客观的。

恩格斯说，否定之否定"是自然、历史和思维的一个极
其普遍的、因而极其广泛地起作用的、重要的发展规律"[8]。
**恩格斯把否定之否定概括为普遍存在的、客观的、不以人的
意志为转移的客观规律。**事实上，在自然界、人类社会和人
类思维中，这条规律是普遍起作用的，是客观存在的。

——否定之否定规律在自然界是普遍存在的。地质学说
明，地壳——海洋——地壳是一个否定之否定的过程。地壳

的变化发展是一个旧地壳不断破坏、经过海洋、新地壳不断形成的否定之否定过程。原始地壳，经过海洋、气象及风化等的作用而碎裂，这是第一次否定。这些碎裂的物体，一层层沉积在海底，由于海水的高压和海水退出又形成新的地壳，这就是否定之否定。同样，海水——地壳——海水也是一个否定之否定的变化发展过程。植物学表明，种子——植株——种子是一个否定之否定的过程，植株是对种子的第一次否定，而新的种子是对植株的第二次否定，在否定之否定阶段出现的种子，已不同于肯定阶段的种子，不仅在数量方面多出许多倍，某些特征、特性也会有所改变。在自然选择和人工培育的条件下，某种植物经过若干次否定之否定，还会出现新的品种。生物学表明，卵——虫——卵是一个否定之否定的过程，虫是对卵的否定，而卵又是对虫的否定，第二次否定虫的卵已经不同于第一次被虫否定的卵了。

——人类社会的发展也是一个否定之否定的过程。无阶级社会被阶级社会否定，阶级社会还将被建立在生产力高度发展基础上的无阶级社会所代替。人类历史上原始共产主义社会的生产资料公有制为生产资料私有制所否定，而生产资料私有制必将最终为在生产力高度发达前提下的生产资料公有制所取代。马克思预见人类社会必将依次经历产品经济社会、商品（市场）经济社会和更高阶段的产品经济社会。迄今为止，人类历史上的产品经济社会已然为商品（市场）经济社会所取代，而按历史发展趋势来看，商品（市场）经济社会必将被更高阶段的产品经济社会所取代。这些都是否定之否定的客观过程。

——在人类思维的发展过程中，否定之否定规律的作用也是普遍存在的。就拿时空观的发展来说，古希腊哲学家亚里士多德的古代时空观把时空和物质运动朴素地结合在一起，认为事物在时间和空间中运动，二者不可分；牛顿（Newton，1643—1727 年）的绝对时空观却把时空和物质运动分割开来，认为存在与物质的运动相分离的绝对空间和绝对时间；爱因斯坦（Einstein，1879—1955 年）狭义相对论和广义相对论的时空观在新的科学成果的基础上，则把时间和空间密切联系起来，认为时空和物质的存在与运动密切联系，是不可分的。从学科发展来看，古希腊哲学社会科学与自然科学则是不可分的，是一家；而在欧洲，随着近现代社会生产力的发展，哲学与自然科学、哲学社会科学与自然科学逐步分离；在今天，又向综合、融合的方向发展。从人类认识过程来看，实践——认识——实践，个别——一般——个别，循环往复，以至无穷，也是一系列否定之否定的过程。

在人类思维领域，人对外部事物的认识，是从朴素的系统的认识方法发展到分门别类的认识方法，再从分门别类的认识方法发展到一方面越来越专业、越来越复杂，而另一方面又越来越综合集成的现代系统认识方法。一条线是由综合到分类，再由分类到综合；另一条线是从简单到复杂，再由复杂到简单，都是一个否定之否定的过程。在人类社会生活的早期，朴素的系统思维方式支配人对客观事物的认识，然后产生了分门别类地认识问题的形而上学思维方式，再发展到辩证的、系统的、综合的、集成的现代系统思维方式，又是一个否定之否定的过程。古代的一些思想家、科学家看问题，运用的是朴素的系统观。例如，孔子认识宇宙就是一个字——天，他把人与自然的全部关系都看成天人关系，这是早期系统思想的体现。后来生产力发展了、科学发展了，人们可以把认识对象分成各种领域，分门别类地加以研究，形成一门一门的具体学科。在 19 世纪之前，自然科学受机械论方法论的指导，即把所有的问题分门别类加以研究。机械论的哲学基础是形而上学，是分门别类地、割裂地、而不是整体地、系统地看问题。19 世纪中叶以来，科学认识的发展冲破了分门别类的研究视野，比如进化论、能量守恒定律、相对论等，都是系统地、整体地看问题。学科的专业性更强了，分工更细，就更需要综合集成、系统思维的方式。马克思主义的辩证思想、系统思想、总体思想的哲学系统认识论应运而生。人的思维方式开始转变成综合的、集成的、系统的、整体的现代系统思维方式。系统——分门别类——系统，人类对事物的思维认识方式是一个否定之否定的发展过程。

人类思维的否定之否定规律还体现在科学方法论的一个分支的发展上，这就是还原论，即把复杂的东西还原到最简单的东西，将它们视为构筑世界万物的砖瓦。还原论是科学发展的产物。原始还原论到现代还原论也是一个否定之否定的过程。古代人的还原论是宏观的还原论，如讲人体，不知道人体是由细胞组成的，对人体的认识是大而化之的，归结为最基本的气。中医的经络学认为人有经络存在，可是一解剖又找不到经络。还有把自然界还原为金、木、水、火、土五种元素组成的阴阳五行说，古希腊哲学家德谟克利特把世界本原归结为原子的原子论等。这种大而化之、宏观模糊、综合系统的古代还原论的认识方式是有朴素的辩证法道理的。随着生产力发展带动了科学认识的发展，人们对事物的认识进入到近代还原论。如对生物的认识以细胞学、解剖学为基础，将生物还原到细胞，细胞再往下还原到生物分子和基因。对物质的研究，将事物还原到分子，再往下还原到原子、原子核、基本粒子。但是近代还原论同机械论一样，在研究进展中遇到了困难，这就是还原到微观层次后，不能再简单地回到宏观了。譬如，人体可以解剖为各个部分，还原到细胞，但把这些部分或细胞简单相加，却变不回活人。从细胞到大的生物体，从基本粒子到宇宙，简单相加恢复不了原来的系统状态。这就产生了现代还原论，即系统整体的和综合集成的还原论的思维方式，从根本上克服将整体拆分为部分、再将部分简单相加的思路，解决机械论、近代还原论解决不了的问题，这是现代还原论。如贝塔朗菲提出的现代系统论、钱学森提出的现代系统工程方法，都是用系统的、综合集成的科学认识论和方法论将事物的各个组成要素有机地整合、融合、耦合成为系统的整体。近代还原论是对古代还原论的否定，现代还原论是对近代还原论的否定，这就是人类认识的系统观——机械观——系统观的否定之否定过程。

事物运动表现为否定之否定的两次否定、三个阶段，是否定之否定规律的形式，是这一规律不容忽视的方面。

一般来说，事物发展，总要经过两次否定、三个阶段，由肯定阶段走向否定阶段，这是第一次否定，再由否定阶段到第二次否定，即否定之否定，事物走向新的肯定阶段。

——否定之否定是事物发展两次向对立面转化的结果。从表面上看，它会重复该事物在肯定阶段的某些特征、属性，好像又回到了原来的出发点，仿佛是恢复旧东西，但它实质上已经与原有的东西不同了，是包括继承了旧东西中某些因素的新东西了。

——否定之否定是事物内在矛盾发展的结果。俄国 19 世纪末 20 世纪初的马克思主义哲学家普列汉诺夫（Plekhanov，1856—1918 年）认为："任何现象，发展到底，转化为自己的对立物；但是因为新的，与第一个现象对立的现象，反过来，同样也转化为自己的对立物，所以，发展的第三阶段与第一阶段有形式上的类同。"[9] 譬如，人类社会总体上经历了由生产资料公有制社会到私有制社会再到更高阶段的公有制社会这样一个否定之否定的过程。这个过程，就是社会内部生产力与生产关系矛盾运动的结果，是两次向自身对立面转化的结果。在原始共产主义社会，生产资料归全体公社成员共同所有，然而随着原始社会生产力的发展，个体生产能力的提高，私有制生产关系适应生产力的发展，替代了公有制生产关系，这是对公有制生产关系的第一次否定。原始共产主义社会解体，顺之以私有制的奴隶社会、封建社会、资本主义社会。发展到资本主义社会，生产力大发展，社会化大生产的能力提高了，需要公有制的生产关系与之相适应，产生了社会主义运动和社会主义革命，以共产主义公有制（在共产主义第一阶段是社会主义公有制，在我国是社会主义初级阶段为主体的公有制）代替资本主义私有制，这是第二次否定。人类社会的奴隶社会、封建社会、资本主义社会私有制代替原始共产主义社会公有制的第一次否定阶段，共产主义公有制代替资本主义私有制的第二次否定阶段，都是一个漫长的历史过程。共产主义公有制代替资本主义私有制，具体到我国的实际，先要经过社会主义初级阶段的公有制，到社会主义更高阶段的公有制才能最终发展到更高程度的共产主义公有制。私有制否定公有制是第一次否定，是从公有制的肯定阶段到否定阶段，第二次否定是公有制对私有制的否定，是公有制的回复，仿佛又回到公有制了，但不是简单的回复，而是经过社会主义的公有制，最终发展到共产主义的公有制，即马克思所说的"建立在个人所有制基础上的社会所有制"，这就大大高于原始社会的公有制了，社会生产资料所有制就向新的肯定阶段迈进了。生产资料所有制这两次否定、三个阶段的过程，即否定之否定的过程，则是社会内部生产力与生产关系矛盾发展的结果，而每一个阶段又有无数的否定之否定的具体过程。在自然界，由事物内部矛盾发展而导致的两次向对立面转化的否定之否定的过程比比皆是，如种子——植株——种子、水——冰（汽）——水……都是这样。

否定之否定是事物内在矛盾发展的客观结果，对于一个事物发展的周期来说，其起点和终点是客观的而不是任意的。

对于人类思维的否定之否定的过程，有人不理解，误以为否定之否定周期的起点、终点可以由人来主观决定，这是不对的。例如，水稻的生长周期是从稻种的萌芽开始，经过稻株（包括幼苗、分蘖、拔节、抽穗、开花、结子）到新稻谷的成熟，都是经过稻种——稻株——稻种的过程，不能主观地把水稻的生长期概括为稻株——稻种——稻株，因水稻的生长期不是从稻株开始的，而是从稻种开始的。插秧阶段只是栽培技术的提高，人们把育苗期作为重点培育的阶段而重点突出出来了。一般商品的运动周期是商品——货币——商品，而一般资本的运动周期是货币——商品——货币，不能把一般商品和一般资本的运动周期混同起来。事物的发展各有各的否定之否定的特定的起点和终点。历史与逻辑是统一的，历史从哪里起步，逻辑就从哪里开始。资本主义市场经济运动的历史起点是商品，马克思论证资本主义就从商品开始。

有人因人类思维存在否定之否定的规律，而误以为否定之否定规律是人主观臆造的，这是唯心主义的解释。

在学术界，有人把否定之否定规律同黑格尔的正题、反题、合题的人类思维论证三段式的观点说成是一回事。实际上，唯物辩证法的否定之否定原理只是概括了事物的发展规律，否定之否定原理同黑格尔的正题、反题、合题三段式有着本质区别。黑格尔的确提出了否定之否定规律，这是对辩证法的一大贡献，但是黑格尔的否定之否定观是建立在唯心主义框架里的。他认为否定之否定是纯粹理性运动的规律，他把客观外界存在的否定之否定规律放在唯心主义否定之否定观的框架之内。况且，黑格尔把否定之否定规律与对立统一规律、质量互变规律并列，并没有看到对立统一规律是辩证法三大规律之首，这也是黑格尔辩证法的局限性。不可否认，在人的思维论证逻辑中，存在正题、反题、合题的三段式，但它只是否定之否定规律中的一个案例，而不是否定之否定规律。黑格尔把事物发展的否定之否定规律硬塞进思维逻辑论证的正题、反题、合题的三段式框架中，常常闹到牵强附会的程度。马克思主义的否定之否定规律是唯物主义的普遍真理，是自然界、人类社会和思维发展普遍规律的正确反映。人类思想的否定之否定过程既是客观事物发展过程在人们头脑中的反映，其本身又是一个客观的过程。马克思在《资本论》中分析了资本主义的历史趋势，指出以个人自主劳动为基础的分散的私有制转化为资本主义私有制，以社会生产为基础的资本主义私有制转化为更高阶段的新的公有制，这是一个否定之否定的过程。前者是少数掠夺者剥夺人民群众，后者是人民群众剥夺少数掠夺者。杜林（Dühring，

1833—1921 年）歪曲马克思主义的辩证否定观，把它说成只是一种证明工具，污蔑马克思论证资本主义必然灭亡是拄了黑格尔否定之否定的拐杖。恩格斯驳斥他说："当马克思把这一过程称为否定的否定时，他并没有想到要以此来证明这一过程是个历史地必然的过程。相反，他在历史地证明了这一过程一部分实际上已经实现，一部分还一定会实现以后，才又指出，这还是一个按一定的辩证法规律完成的过程。" [10] 马克思主义哲学的否定之否定规律原理是客观的真理，是对宇宙间普遍存在的否定之否定现实的科学概括。

三、新生事物是不可战胜的
——纵观一个半世纪以来的世界历史进程

否定之否定规律告诉我们一条真理：事物的发展是前进性和曲折性、上升性和回复性的统一，是螺旋式上升、波浪式前进。

世界上一切事物发展的总趋势是前进上升的，这种发展的总趋势是由于事物发展过程中的否定不是简单的抛弃，而是扬弃，是否定中有肯定。新事物否定旧事物，既克服旧事物中过时的、消极的东西，同时又吸收、继承和发扬旧事物中的积极因素，且加入了富有生命力的新内容，是比旧事物更高级的东西。事物发展的前进上升的总趋势是由于事物发展过程中的否定不是一次完成的，而是经过两次的充分否定，使事物集中了两次否定的积极成果，而向更高一级发展，所以更完善、更丰富。

然而，事物前进、上升的途径不是直线式的，而是迂回曲折的，甚至有可能出现暂时的倒退，这是因为否定的过程是事物内部两个对立面斗争的结果，是向对立面转化的结果，是经过两次向对立面转化的结果。在现实中，这种事物内部对立面斗争的过程、两次向对立面转化的过程，是极其复杂的，事物在高级阶段、在每次否定阶段都要重复低级阶段的某些特征，仿佛是向旧阶段回复，甚至有可能是较大幅度、较大程度的回复，这种回复有时可能表现为暂时的倒退，当然每次回复或者倒退都不是简单的回复与倒退，都包括有一定数量的新事物的因素。如土豆种的退化，土豆作为种子，到一定程度就会发生退化，这时人们就会淘汰退化的土豆种，而采用更健康的土豆种，从而进一步提高土豆的产量，久而久之，人类就会不断培育出更优良的土豆种。所以，列宁说："无论天体运动，或机械运动（地球上的），或动植物和人的生命——它们都不仅把运动的观念，而且正是把回到出发点的运动即辩证运动的观念注入人类的头脑。" [11]

否定之否定的辩证法告诉我们：任何事物的发展都不是直线上升式发展，而是波浪式地前进、螺旋式地上升、曲折式地发展，社会历史发展也是如此。

社会主义运动的世界历史进程就是这一历史辩证法的铁定案例。从19世纪40年代马克思、恩格斯的《共产党宣言》问世，至今已一个半世纪过去了。纵观一个半世纪的世界历史进程，可以清楚地看出社会主义运动正是遵循这一历史辩证法的逻辑在曲折中前进，其间虽有挫折与失败，但总体上是循时前行的，这一历史进程恰恰从实践角度检验了马克思主义辩证否定观颠扑不灭的真理性。

对社会历史规律的观察，历时越久、跨度越大，也就越看得明白，其判断也就越经得起实践检验。世界历史进入资本主义社会形态的发展阶段，即伴随着工人阶级与资产阶级、社会主义与资本主义两个阶级、两种社会制度、两大历史前途的博弈，其历史较量的线索、特点、规律与趋势，随着历史的发展、空间的变换、时间的推移，越发清晰，人们也看得越发清楚，社会主义的历史必然性越发显现，其前进性与曲折性、上升性与回复性的波浪式前进、螺旋式上升的向前向上发展总趋势越发清晰，越发显示出唯物辩证法关于否定之否定规律原理的科学性。

进入21世纪以来，马克思主义问世已经一百六十余年。

回眸一观，可以清楚看到，社会主义运动的世界历史进程发生了四次重大转折，社会主义呈现由兴起至发展到高潮再到低潮、再从低潮起步，逐步进入新的高潮，标志着社会主义在斗争中、在逆境中顽强地生长。这一历史进程尽管曲折，有高潮，也有低潮；有前进，也有倒退；有成功，也有失败，但在总体上印证了马克思主义关于社会主义必然胜利的历史发展总趋势的判断是完全正确的，同时也说明社会主义战胜资本主义的历史进程不会是一帆风顺的，也绝不可能在短时间内实现，必须经过一个相当长的历史跨度、经过几十代甚至上百代人千辛万苦、甚至抛头颅洒热血的献身奋斗才能到来，是一个前进性与曲折性相统一、波浪式的、螺旋式的、总趋势是上升、前进的进程。

社会主义运动的四次世界性历史转折可以分为前两次和后两次。前两次转折发生在20世纪中叶，即第二次世界大战结束前后。社会主义运动从兴起到发展，资本主义则由资本主义革命兴起的上升期，经过19世纪矛盾四起的自由竞争资本主义时期和垄断资本主义时期，经过一系列经济危机和两次世界大战，逐步走向下降期。

第一次世界性历史转折发生在20世纪初，其标志是1917年爆发的十月社会主义革命。19世纪中叶，马克思主义经典作家创建科学社会主义，替代了空想社会主义，工人运动从此有了正确的指南，开创了世界工人运动和社会主义运动的新篇章。进入 20 世纪初，科学社会主义理论指导的社会主义运动由轰轰烈烈的工人运动实践变成了社会主义制度实践。列宁成功地领导了十月社会主义革命，建立了第一个社会主义制度国家，这是 20 世纪初最重大的世界性事件，从此开启了人类历史的新纪元，社会主义运动开始走向阶段性高潮。

第二次世界性历史转折发生在 20 世纪中叶，其标志是 1945 年第二次世界大战之后一系列国家社会主义革命成功，形成了一个社会主义阵营。矛盾激化引发危机，危机造成革命机遇。20 世纪初叶爆发的第一次世界大战、20 世纪中叶爆发的第二次世界大战，都是资本主义不可克服的内在矛盾激化的结果。自由竞争资本主义由于其不可克服的内在矛盾而导致垄断，垄断资本主义代替自由竞争资本主义，不仅没有克服自由竞争资本主义愈演愈烈的固有矛盾，反而加剧了矛盾。早在自由竞争资本主义阶段，其固有矛盾不断激化，导致从 1825 年开始，每隔 10 年左右爆发一次经济危机，危机的累加演变成 1873 年资本主义空前激烈的世界总危机，这次总危机及之后不断叠加的危机，最终导致第一次世界大战的爆发。战争只能加重危机，第一次世界大战之后旋即爆发了 1929—1933 年资本主义世界大危机，资本主义步入严重的衰退。面对这场空前的资本主义世界危机，世人惊呼

"末日来临"、"资本主义已经走到尽头"。危机的结果又要依靠战争来解决问题。战争是缓解资本主义内在矛盾、转嫁危机的外部冲突解决方式，但不能从根本上克服资本主义内在矛盾。垄断资本主义内在矛盾的进一步激化导致了第二次世界大战爆发。第二次世界大战仍然是在帝国主义国家之间的争斗中始发的，西方资本主义制度是无法遏制战争的。当时苏联靠社会主义制度的优越性动员全体人民、联合世界上一切反法西斯的力量，包括中国人民的抗日力量战胜德日法西斯，赢得了战争。两次大战，标志着资本主义逐步走向衰落，资本主义败象显见。危机与战争给革命带来前所未有的机遇，第一次世界大战期间，俄国率先从资本主义统治的薄弱环节突破，建立了社会主义制度。第二次世界大战前后，中国等一系列落后国家革命成功，从东方站立起来了，建立了一系列社会主义国家，形成了社会主义阵营。相反，战后，资本主义社会矛盾和总危机进一步加深，美国每隔一段时间爆发周期性危机，并波及北美、日本和西欧主要国家，成为世界性危机。资本主义整体实力下降，遭受重大打击。当然，在西欧资本主义国家衰落时期，优越的国际环境和国内条件，致使美国这一后发资本主义国家抓住了战争机遇迅速兴起，代替了老牌资本主义国家。第二次世界大战后的一段时间，资本主义发展处于低迷状态，而社会主义发展却处于上升状态，社会主义运动出现了阶段性高潮。

从国际走势来看，20世纪八九十年代至今的二十余年中，社会主义运动又接连发生了后两次重大的世界性历史转折。社会主义运动由高潮到低潮，然而以中国特色社会主义为重要标志的社会主义却开始走出低谷。资本主义由低迷困境进入高速发展时期，2008年爆发的美国金融危机却诱使现代资本主义濒入险境，呈进一步衰退之势。

第三次世界性历史转折发生在20世纪末叶，其标志是20世纪80年代末90年代初的苏东剧变、社会主义阵营解体，社会主义进入低谷，这使世界形势发生了自第二次世界大战以来最为重大的变化与转折。第二次世界大战之后，20世纪上半叶，社会主义走上坡，资本主义走下坡。但世界进入20世纪下半叶，社会主义诸国却放慢了发展速度，甚至出现了停滞和负增长，导致社会主义诸国经济社会发展受挫，特别是苏东剧变，社会主义面临举步维艰的境遇。现代资本主义吸取资本主义发展进程中的经验教训，同时也吸取社会主义国家发展的经验教训，展开资本主义改良，现代资本主义进入了相对缓和发展时期。当然在资本主义相对缓和发展时期，危机并没有中断，美国就多次爆发波及世界的危机。这次转折表明，社会主义处于发展的低潮，现代资本主义处于相对缓和稳定的发展期。伴随着这个历史性转折，我国及国际上出现了一系列新情况、新问题，这对中国 20 世纪末叶以来至 21 世纪以来很长一段时间的社会主义发展进程发生着深远影响。中国艰难起步，坚定不移地推进 1978 年启动的改革开放，成功地开辟了中国特色社会主义发展道路。

第四次世界性历史转折发生在 21 世纪初叶，其标志是 2008 年爆发的世界金融危机。这对世界发展格局和中国特色社会主义建设将产生的影响是无法估量的。俗话说，三十年河东，三十年河西，短短二三十年时间，中国特色社会主义的成功使世界社会主义运动呈低潮中的起步之势。而美国金融危机却使美国以及其他西方发达资本主义国家陷入困境，美国独霸势态逆转下滑，资本主义整体实力呈下降态势。二三十年前的世界性历史事件爆发是此消彼长，社会主义力量暂时下降，资本主义力量暂时上升；二三十年后的今天，又是此长彼消，社会主义力量始升，资本主义力量始降。金融危机的爆发使世界力量对比发生了戏剧性变化。

美国金融危机是资本主义的制度性危机，具体的救市措施只能使危机得到暂时的缓解，但最终是无法克服的。当今资本主义金融危机与中国特色社会主义成功并存。社会主义市场经济与资本主义市场经济的本质区别是生产资料占有方式的不同。资本主义生产资料私有制决定了商品经济二重矛盾引发的危机最终是无法避免的。社会主义市场经济决定了商品二重性矛盾可能会产生危机，而为主体的社会主义生产资料公有制又决定了危机是可以规避和防范的，一旦发生是可以治理和化解的。市场经济与社会主义制度相结合，使中国特色社会主义规避和战胜世界性金融危机成为可能。中国人民在中国共产党的正确领导下，成功地顶住了金融风暴的冲击，不仅实现了预定的稳定发展的目标，而且取得了显著成绩。这既要归功于党的正确领导和果断决策，更根本的是彰显了社会主义制度的政治优势，越加证明了社会主义的生命力、中国特色社会主义的生命力、马克思主义的生命力，证明了社会主义运动的世界历史发展总趋势，尽管有挫折、有失败、有低潮，但是其趋势是光明的。

事物发展的前进性和曲折性、上升性和回复性的规律告诉我们，在方法论上，既要反对循环论，又要反对直线论。

——所谓循环论，就是把一切运动看成简单的周而复始，从而否定事物前进、上升的总趋势，反对新生事物战胜旧事物，实质上是否认事物发展的普遍法则。宋代理学家朱熹就持这种观点："气运从来一盛了又一衰，一衰了又一盛，只管恁地循环去。"[12] 现代资产阶级思想家中也有人主张循环论，宣扬人类社会发展到一定程度必将退回到以前的时代，提出"回到中世纪去""回到原始时代去"等口号。宗教的宿命论观点实质上也是一种循环论，宣扬人的生死轮回，宣扬恶有恶报、善有善报的唯心主义人生观。循环论实质上是把否定之否定规律中的否定中的肯定，继而把事物前进、上升的总进程中的暂时回复，任意夸大为总趋势，说成是完全回复到出发的原点，这是一种彻头彻尾的形而上学观点。

——所谓直线论，是把事物的发展看成直线式的，否认事物发展的曲折性、复杂性，认识不到事物发展的前进性和曲折性、上升性和回复性对立统一的客观规律，认识不到事物发展呈波浪式前进、螺旋式上升的进程，把一切事物发展都看作一帆风顺、直线式的上升。第二次国内革命战争时期的王明"左"倾机会主义，就是犯了直线性的思想方法错误。在敌强我弱的形势下，主张革命的力量要纯粹又纯粹、革命的道路要笔直又笔直，看不到斗争的艰巨性、复杂性，拒绝做艰苦的积蓄和发展革命力量的工作，拒绝走农村包围城市然后夺取城市的曲折道路。在我国社会主义经济建设中，也存在这种直线性的错误思想倾向。这种错误思想不懂得在一定条件下，压低一下发展速度、压缩一下产能过剩的生产能力，正是为了长远的更好的建设；局部的压低，正是为了全局的发展。在基本投资已经超过资源、环境、人口、国力负担的情况下，如果继续把摊子铺得很大，就会造成国民经济比例失调和通货膨胀的后果。事物的发展是反复曲折的，以退为进，以迂为直，是符合事物辩证运动规律的。不懂得根据事物发展进程的曲折性、回复性，采取"退一步，进两步"的办法有效地推动事物前进，就犯了直线论的错误。

否定之否定规律还告诉我们一条真理：**新生事物是不可战胜的，新事物终将代替旧事物，这是一个不以任何人的意志为转移的必然规律。**

这是因为宇宙间一切事物都是永恒不息地运动、变化、发展的，没有一个事物不走向消亡，旧事物不断消亡，新事物不断产生，推陈出新、新陈代谢，后浪推前浪、一浪更比一浪高，是宇宙间不可抗拒的规律。所谓新生事物，就是在历史发展进程中具有必然性的、进步的、顺应事物发展规律的、代表历史发展趋势的、有远大发展前途的东西。识别新事物只能看它是否有历史发展的必然性，而不能以出现时间先后作为标准，先出来的、新出来的东西不见得都是新事物。在社会历史领域，适应并促进生产力发展要求，顺应时代潮流，与人民群众的根本利益相一致的东西才能称为新生事物。当然，任何新生事物也要走向消亡，被另一个新生事物所替代。历史上任何新的社会形态也终究为比它更高级的社会形态所代替。

由于新生事物是符合事物发展规律、适应事物发展客观需要的，因而具有强大的生命力，具有旧事物所不可比拟的强大优越性。当然，新生事物在开始时它可能比较弱小、不完善、有这样或那样的缺憾，其成长过程也不见得一帆风顺，要经历曲折的发展成长过程，但总是由小到大、由弱到强、由不完善到完善。历史的逻辑永远是：暂时显得弱小的、代表进步趋势的新生事物终将战胜那些表面强大的、代表保守方面的、趋向灭亡的旧事物。

一定要按照辩证法的要求，学会识别、爱护、扶持新事物。要善于敏锐地发现新事物，热情地扶植新事物。新事物在开始时总是不完善的、弱小的，不能采取讥笑非难的态度，而要采取积极爱护、扶持的态度。当然，对新事物的扶持要根据新生事物所处的条件及其生长规律来进行，不能揠苗助长，不能"求全责备"，也不能"护短""迁就"，既要支持、爱护，又要帮助它克服短处，弥补缺憾，使它逐步完善起来。

四、要研究否定之否定的特殊性和多样性
——防止千篇一律与"一刀切"

在中国古代的成语故事中，有"刻舟求剑""郑人买履""守株待兔"三则，都是讽刺用一个固定的思维定势死

搬硬套的活生生的现实生活的案例，说明任何事物都是千变万化的，不可能用一个固定的模式千篇一律地硬套一切。

在现实生活中，人们碰到的或者虽然没有碰到但客观存在的否定之否定规律是特殊的、具体的、多样的。千万不能把否定之否定规律原理变成固定的公式乱套一切，搞"一刀切""齐步走"。

对否定之否定规律既不能做唯心主义解释，也不能做形式主义的、绝对化的、庸俗的理解。两次否定、三个阶段是否定之否定规律的表现形式，但绝不能形式主义地把否定之否定规律硬框成三分法或三段式，再把三分法或三段式当作先验的公理去套用一切，把一切事物变化发展不加区别地纳入三分法和三段式的公式之中。否定之否定是事物发展的普遍规律，它的具体表现形式却是多种多样的，应当把马克思主义的否定之否定原理当作研究事物的指南，而不能当作单纯的证明工具。不但要研究否定之否定的一般性、普遍性，更要研究否定之否定规律的特殊性。

任何事物内部都存在着否定的因素，任何生命体内部都存在着致死的可能性因素，否定是有普遍性意义的，但否定的方式却是具体的、多样的。不同的事物存在不同的否定形式，具体的否定形式又是特殊的。

恩格斯说："每一种事物都有它的特殊的否定方式，经过这样的否定，它同时就获得发展，每一种观念和概念也是如此。"[13] 人类社会的否定方式不同于自然界的否定方式，有机界的否定方式不同于无机界的否定方式，物理的否定方式不同于化学的否定方式……世间的否定方式是千差万别的，不能用一个固定的否定之否定公式任意剪裁一切。

——否定方式有采取外部冲突形式和非外部冲突形式之分。有些事物的否定方式是采取外部冲突的形式，例如，宇宙大爆炸是作为新事物的宇宙间的一部分天体对作为旧事物的宇宙间的另一部分天体的否定；在人类社会，一个新生政权用暴力推翻另一个旧政权……有些事物的否定方式又是采取非外部冲突的形式，比如，在生命体中，新生生命的出现就是在母体孕育中产生出来的，没有采取激烈的外部冲突形式；新中国成立后对资本主义工商业的社会主义改造，就采取了和平"赎买"的办法完成了。

毛泽东指出：怎样处理社会主义社会的敌我矛盾和人民内部矛盾，这是一门学问，值得好好研究。敌我矛盾同人民内部矛盾是两种性质不同的矛盾，不同质的矛盾必须用不同质的方法来解决。从辩证的否定观来看，一般来说，敌我矛盾采取的是外部冲突的否定形式，人民内部矛盾采取的是非外部冲突的否定形式。从矛盾论角度来说，外部冲突的否定形式是对抗的矛盾解决形式，非外部冲突的否定形式是非对抗的矛盾解决形式。

在战争年代和和平年代，敌我矛盾的对抗的斗争形式是不同的，采取的解决办法也是不同的。在战争年代，主要采取激烈的暴力革命办法；而在和平年代，则采取专政的办法。所谓采取对抗的斗争形式，用专政的办法来解决敌我矛盾，就是要求在中国共产党的领导下，行使人民民主专政的国家职能，运用法制力量来解决对内对外两方面的敌我矛盾。在对内方面：镇压国家内部反对、敌视、破坏社会主义建设的社会势力和社会集团；镇压国家内部严重破坏社会主义正常秩序的各类犯罪分子、社会渣滓，剥夺他们的政治权利，强迫他们服从法律，从事劳动，在劳动中把他们改造成为新人。在对外方面：防御、粉碎帝国主义以及各种反社会主义势力的颠覆破坏和可能的侵略，保卫社会主义祖国。

在社会主义和平建设时期，处理敌我矛盾必须注意这样几个问题：**第一**，运用社会主义法制的力量，通过法律程序来解决敌我矛盾。在革命战争年代，我们主要是通过武装斗争的形式来解决敌我矛盾。建立社会主义制度以后，人民掌握了政权，掌握了社会主义法制武器，要通过法律程序来解决。**第二**，妥善处理好阶级斗争问题。革命战争年代，主要是通过疾风暴雨式的、群众性的、大规模的阶级斗争来解决敌我矛盾。在社会主义条件下，阶级斗争虽然不是主要矛盾了，但阶级斗争仍然是解决敌我矛盾的一种形式。当然，这种阶级斗争在对象、范围、地位和作用上已经不同于阶级社会的阶级斗争了，它主要是依靠和运用人民民主专政的工具，通过法律程序来进行。因此，在解决敌我矛盾时，必须妥善处理好阶级斗争问题。既不能搞阶级斗争"无限扩大"化，又不能搞阶级斗争"完全熄灭"论；既不能搞战争年代群众运动性的阶级斗争，又不能完全放弃阶级斗争这种斗争形式，必须通过法律程序，运用专政工具，通过一定范围的阶级斗争形式，来解决敌我之间的对抗性矛盾。**第三，**根据敌我矛盾的具体情况和形式，掌握好对敌斗争的策略和方式，把握好对敌斗争的范围、分寸和火候，有所侧重地采取不同的法律程序，运用不同的专政办法来解决。

"不同质的矛盾，只有用不同质的方法才能解决。"[14] 必须使用不同于解决敌我矛盾的解决办法，即用非外部冲突的否定方式、非对抗式方法，来解决好人民内部矛盾。**一是**主要采取经济的手段，来解决人民内部的物质、经济利益上的矛盾。**二是**必须用民主的方法，来解决人民内部在思想政治领域的矛盾。**三是**人民内部矛盾是复杂多变的，必须采取综合性的、多种具体有效的办法来解决复杂多样的人民内部矛盾。人民内部矛盾的表现十分复杂，必须采用不同的具体办法、通过综合性的办法来解决。在我国目前阶段，人民内部矛盾并不是简单、孤立的矛盾，而是一个复杂的、与外部因素相互联系的、内部各类矛盾相互作用的矛盾系统。因此，在解决人民内部矛盾的时候，所采取的方法也不可能是单一的、永久不变的，必须根据矛盾的具体情况和变化，采取综合性的、多种多样的办法来解决。在这里，没有一成不变的公式，也没有包治百病的处方。例如，在共产党与民主党派的关系上，实行"长期共存，互相监督"的方针，通过民主协商的对话，通过共产党领导的政治协商制度来解决党同民主党派的关系问题。又如，人民内部矛盾"大量地表现在人民群众同领导者之间的矛盾问题上。更确切地讲，是表现在领导上的官僚主义与人民群众的矛盾这个问题上"[15]。能否处理好领导与群众的矛盾，在很大程度上取决于我们能否有效地克服官僚主义。又例如，在处理民族问题时，必须牢固树立各民族之间的矛盾是在根本利益一致基础上的人民内部矛盾、各民族之间"谁也离不开谁"的观点，把各民族共同利益同少数民族特殊利益、社会主义的一致性同民族的多样性统一起来，实行民族区域自治，大力扶持和帮助少数民族地区发展经济文化，逐步消除民族间经济文化事实上不平等的政策，实现多民族的共同繁荣政策，处理好汉族同少数民族以及少数民族之间的矛盾。四是坚持社会主义改革开放，完善社会主义制度和体制，大力发展社会主义生产力，是正确处理人民内部矛盾的制度保证和物质保障。

——否定的方式还有全局式否定和局部式否定之分。全局式否定是新事物对旧事物的最根本性的否定，比如，社会主义否定资本主义就是对资本主义制度的全局式根本否定，当然，社会主义对资本主义的否定里面也有肯定。譬如，中国特色社会主义市场经济，是对资本主义积极文明成果的批判式、扬弃式的肯定。局部式否定是对事物的某些部分、某些要素的局部性质的否定，当然，局部式否定的累积也会达到对事物性质的全局式根本否定。

一切辩证的否定都是"扬弃"，即包含肯定的否定，但具体到每个具体事物的否定过程，肯定什么、否定什么，肯定多少、否定多少，具体事物不同，具体的"扬弃"方式也不同。

在中国特色社会主义发展过程中，既要对中国社会原有的半殖民地半封建社会的封建因素加以否定，又要肯定中国几千年封建社会中的积极成果；在发展社会主义过程中，既要与资本主义制度割裂，又要吸收中国民族资本主义、外国资本主义发展进程中的一切积极的东西。肯定什么、否定什么，肯定多少、否定多少，要依据中国具体国情来进行。全盘否定、全盘接受、不加分析地接受和否定都会脱离中国国情，都要出问题。比如，对资本主义的民主，我们承认资本主义民主是优越于封建专制主义的，但资本主义民主对于中国特色社会主义是全面适合还是全面不适合、哪些部分可能适合，要加以具体分析才能取舍，否则不是社会主义民主变色为资本主义民主，就是对资本主义民主形式中有积极意义的东西也一概抛弃。

对于否定方式要具体问题具体分析，不能千篇一律地看待，也不能用一种否定方式去硬套一切事物的否定方式。

——否定方式的不同决定了事物发展的前进性、曲折性也是不同的。有的事物需要经过肯定、否定、否定之否定的多次反复，才能明显地表现出前进性、上升性；有的事物只需要一个否定之否定周期就可以清楚地看出前进、上升的趋势。曲折性也有不同的情形。在高级阶段重复低级阶段的特征是一种曲折。这种曲折是两次向对立面转化所引起的，是事物自我发展、自我完善的正常的道路和形式。事物发展的曲折有时还表现为前进过程中暂时的倒退或逆转。这是因为事物自我否定的过程是新事物和旧事物斗争的过程。新事物在成长中必然要遇到衰亡着的旧事物的抵抗；同时，新事物自身也不可避免地有这样那样的弱点和不完善的地方。新事物总是要通过同旧事物的斗争为自己开辟道路，也总是在不断克服自身的弱点和缺陷中向前发展。新旧双方的力量此消彼长，事物的发展时起时伏。从总的趋势看，否定因素是促使事物合乎规律地向前发展的，新事物必定战胜旧事物。但是新事物中往往也包含着使事物倒退的否定因素，再加上内部、外部种种条件的影响，旧事物一时占据优势，新事物暂时受挫甚至夭折，使整个过程发生倒退、逆转，都是有可能发生的。生物物种的退化，某一旧社会制度的复辟，就属于这种情形。

——**新事物前进中的曲折和旧事物走向灭亡过程中的曲折是根本不同的。**对于革命的阶级和政党来说，前进中的曲折也有不同的表现。为了前进而后退，为了向正面而向侧面，为了走直路而走弯路，这是一种情形。还有一种情形是由于主观上犯错误，被迫走的"之"字形的道路。这是两种不同的曲折，我们应当尽量避免后一种曲折。当然，由于错误所造成的曲折，有的是难以避免的，但有的则是可以避免的。在革命和建设的进程中，我们必须尊重客观规律，发挥自觉能动性，尽可能少走一些弯路、少花一些代价。借口事物发展的曲折性，把可以避免的错误所造成的曲折，完全归之于客观，一概称之为"交学费"，这是不负责任的表现。

结　语

学习唯物辩证法的否定之否定规律，说到底，是要坚信事物前进发展的必然趋势，要坚信新生事物终将代替旧事物，要做新生事物发展的促进派。同时又要承认事物发展道路的曲折性，既要反对循环论，又要反对直线论，对事物发展的暂时倒退要有足够的思想准备，不能丧失信心，自觉地按照螺旋式上升、波浪式前进的方式，把事物不断推向新阶段。

要坚定社会主义必然战胜资本主义的信心和信念。既要看到历史发展的总趋势，坚信社会主义必然要取代资本主义，这是一个不可抗拒也不可改变的历史趋势；同时又要看到，社会主义代替资本主义是一个漫长的历史进程，充满曲折，充满斗争，甚至有可能出现暂时的倒退与挫折。既要反对社会主义"渺茫论"，又要反对社会主义"速胜论"。不能因为挫折和失败，就对实现社会主义丧失信念和信心，也不能因为顺利和成功，就对实现社会主义心存侥幸和性急。

注　释

1 《道德经》第四十章。

2 《马克思恩格斯文集》第 5 卷，人民出版社 2009 年版，第 22 页。

3 《马克思恩格斯全集》第 4 卷，人民出版社 1958 年版，第 329 页。

4 《列宁专题文集　论辩证唯物主义和历史唯物主义》，人民出版社2009年版，第141页。

5 《马克思恩格斯文集》第4卷，人民出版社2009年版，第276页。

6 《毛泽东选集》第三卷，人民出版社1991年版，第938、939页。

7 参见李越然：《缅怀毛泽东》（上），中央文献出版社1993年版。

8 《马克思恩格斯文集》第9卷，人民出版社2009年版，第148页。

9 《普列汉诺夫哲学著作选集》第1卷，三联书店1961年版，第635页。

10 《马克思恩格斯文集》第9卷，人民出版社2009年版，第141页。

11 《列宁全集》第55卷，人民出版社1990年版，第295页。

12 《朱子语类》卷一。

13 《马克思恩格斯文集》第3卷，人民出版社2009年版，第149页。

14 《毛泽东选集》第一卷，人民出版社1991年版，第311页。

15 《刘少奇选集》下卷，人民出版社1985年版，第303页。

用系统的观点看世界

——系统论

系统思想把辩证法的联系和发展原则与当代科学思想紧密结合起来，实现了与时俱进，丰富和发展了马克思主义哲学的唯物辩证法原理。

在唯物辩证法看来，系统是一个标志事物整体的哲学范畴，关于系统的思想是唯物辩证法的重要原理。在哲学领域，人们把用系统观点来认识世界、改造世界的一系列原则、方法统称为系统思想。系统思想在辩证法发展的历史上由来已久，并对当代系统科学的形成给予了重要思想启迪。系统思想在当代能够大放异彩，广为流行，又借助了系统科学兴起的巨大推力。系统科学证实和发展了唯物辩证法的系统思想，系统思想吸收了系统科学的最新思维成果和鲜活素材。系统思想把辩证法的联系和发展原则与当代科学思想紧密结合起来，实现了与时俱进，丰富和发展了马克思主义哲学的唯物辩证法原理。

一、用整体观认识问题
——整体不等于部分的总和

系统具有整体性，是系统思想的一个基本原则。

解剖学告诉我们，把一个活体解剖，分解成头、躯干、足等部分，有助于分别认识活体的各个组成部分。然而把分解的各个组成部分再加和在一起，却恢复不了活体及其功能。这就是著名的系统的整体性原则，"整体不等于部分之总和"，或说"整体大于部分之总和"。

"整体等于部分的总和"，这是通常的数学常识，也是近代以来对于整体与部分关系的基本看法。而"整体不等于部分之总和"则被视为一个错误的逻辑悖论。但是正如同悖论在科学史上往往成为真理的发端一样，整体性悖论又一次为系统思想通向真理开辟了道路。

系统的整体性表明，整体的功能并不等于它的组成部分功能的简单相加，这就是所谓的"整体不等于部分的总和"。

那么，为什么会出现"整体不等于部分的总和"的现象呢？系统整体的功能为什么是"非加和性"的呢？

我们知道，系统是由若干相互联系、相互作用的要素按一定方式组成的统一整体，仅有孤立的各组成部分并不构成系统，只有在各部分的相互联系、相互作用中才存在系统。贝塔朗菲指出，系统"只能通过自己的广义的内聚力即通过组成部分的相互作用来说明"[1]。他认为，为了理解一个整体或系统，不仅需要了解其部分，而且同样还要了解各部分之间的关系。[2]因此，相互联系、相互作用是解开一切系统现象之谜的关键所在。实际上，由于系统各个组成部分的相互作用、相互联系，造成了彼此活动的限制、彼此属性间的筛选以及某些协同的功能，由此而形成了系统的新质态——系统的整体性能。这种整体性能是由部分相互作用而在整体层次上涌现的，为个别组成部分或它们的总和所不具有的。这就是系统整体性形成的基本原因。

马克思在研究生产过程中的协作时就曾指出，由于协作把"许多力量融合为一个总的力量而产生新的力量"，它不仅"提高了个人生产力，而且是创造了一种生产力，这种生产力本身必然是集体力"[3]。他还援引一位研究协作的经济学家的话说："如果我们把数学上整体等于它各部分的总和这一原理应用于我们的主题上，那就是错误的。"[4]这些论述表明，马克思已经明确地揭示了社会现象中整体功能并不等于其各部分功能的简单总和。他还曾以军队作战为例指出："一个骑兵连的进攻力量或一个步兵团的抵抗力量，与每个骑兵分散展开的进攻力量的总和或每个步兵分散展开的抵抗力量的总和有本质的差别。"[5]

说到军事和战争，毛泽东的论述更具有权威性。毛泽东在中国人民解放战争中发动了三大战役，其中淮海战役是解放军在兵力、装备都不占优势的情况下同国民党重兵集团展开的决定性的战略决战，最后以解放军的全面胜利而告终。中国人民解放军参战部队 60 万人，国民党军先后出动兵力 80 万人，历时 65 天，解放军共歼敌 55.5 万余人，使蒋介石在南线战场上的精锐部队被消灭干净，基本上解放了长江以北的华东和中原广大地区。当初中央军委决定由第二野战军和第三野战军联合发起淮海战役，毛泽东就说："二野三野联合作战，不只是增加一倍两倍的力量，数量变，质量变，这是一个质的变化。"[6] 后来，作为淮海战役前敌委员会书记的邓小平就曾引述毛泽东这句话，来说明"搞经济协作区"[7]的必要性，讲述了整体性功能大于部分的道理。

系统是由若干相互联系、相互作用的要素组成的统一整体，整体性是系统的最显著的特征，也是处理和解决系统问题需要坚持的基本原则。

关于推进经济社会全面、协调、可持续发展的问题，就是一个运用整体性思维方式认识和对待经济社会发展问题的成功案例。改革开放之初，我们就提出了物质文明与精神文明建设"两手抓，两手都要硬"的"两位一体"思路，到经

济建设、民主政治建设、文化建设"三位一体"的认识，再
到经济建设、政治建设、文化建设、社会建设"四位一体"
的认识，最后形成了关于经济建设、政治建设、文化建设、
社会建设、生态文明建设"五位一体"的认识过程，深刻反
映了我们对经济社会全面发展的认识日益全面。2008 年 1
月 19 日，胡锦涛总书记去看望病中的钱学森。他对钱学森
说："上世纪 80 年代初我在中央党校学习时，就读过您的有
关（系统科学）的报告。您这个理论强调，在处理复杂问题
时一定要注意从整体上加以把握，统筹考虑各方面因素，这
很有创见。现在我们强调科学发展，就是注重统筹兼顾，注
重全面协调可持续发展。"这里的关键问题是对社会系统的
整体性的认识必须不断深化。从系统的整体性看，社会（广
义）系统本身就是由经济、政治、文化、社会（狭义）、生
态子系统组成的一个大系统。这些子系统相互联系、相互制
约、相互作用，决定着社会大系统的整体功能状况。单有某
一两个子系统的发展，而没有其他子系统的配套发展，社会
大系统的整体功能肯定得不到最好的发挥，各个子系统之间
的功能肯定是不协调的。很长时间里，我们把社会（狭义）
子系统和生态子系统排除在社会大系统的认识之外，一讲社
会发展就仅仅局限于经济、政治、文化三个方面，这就导致
了发展的不全面、不协调、不可持续。现在我们认识到社会

大系统是由经济、政治、文化、社会（狭义）和生态五个子系统所构成，因而相应地把对经济社会全面发展的认识提升到经济建设、政治建设、文化建设、社会建设和生态文明建设"五位一体"，这样才能够做到真正地坚持全面科学发展。

经济、政治、文化、社会（狭义）和生态都是经济社会发展不可或缺的组成方面，现代化的发展，本质上是经济建设、政治建设、文化建设、社会建设和生态文明建设全面推进的进程。其中，经济建设为全面发展提供前提条件和物质基础，政治建设为全面发展提供政治保证和法律保障，文化建设为全面发展提供智力支持和思想保证，社会建设为全面发展提供和睦相处的社会条件，生态文明建设为全面发展提供可持续发展的自然环境基础。只有从社会系统的整体性原则出发，统筹处理好经济建设、政治建设、文化建设、社会建设和生态文明建设相互联系、相互制约的关系，才能使中国特色社会主义现代化建设全面协调可持续地发展。

二、以结构观点观察系统
——结构决定功能

结构是系统中诸要素相互联系、相互作用的方式，是系统诸要素相互间一定的比例、一定的秩序、一定的结合方式，结构性原则是系统思想的又一重要原则。结构性原则揭示了系统中诸要素之间的关系，指出了实现系统功能优化的基本途径。

自然界和人类社会的大量事实表明，系统的性质和功能不但取决于构成系统的要素，而且取决于要素之间相互联系所形成的结构。

最典型的事例，如在化学中被称为同素异性体的金刚石和石墨，它们虽然都由碳原子组成，但碳原子的结合方式不同，从而导致它们的性质迥然不同。金刚石的碳原子分布均匀，结合紧密，是一种无色透明、外形为八面体的硬质晶体。石墨的碳原子层之间的间距大，结合力弱，形成一种软质鳞片状晶体。由于结构不同，性质迥异，石墨不透明、导电、硬度为 1；金刚石透明、不导电、硬度为 10。这说明，系统有什么样的结构，也就必然具有与之相应的功能，系统的结构不同，系统的功能也就不同。

这种现象不仅存在于自然界，而且也存在于人类社会中。在社会领域中，恩格斯曾举过一个非常生动的例子。"拿破仑描写过骑术不精但有纪律的法国骑兵和当时无疑地最善于单个格斗但没有纪律的骑兵——马木留克兵之间的战斗，他写道：'两个马木留克兵绝对能打赢三个法国兵，一百个法国兵与一百个马木留克兵势均力敌，三百个法国兵大都能战胜三百个马木留克兵，而一千个法国兵总能打败一千五百个马木留克兵。'"[8] 这里双方骑兵数量的增加，引起了双方力量对比向反比例的方向发生变化，其原因就在于，法国兵纪律严明，结构有序；而马木留克兵纪律松散，结构无序。

结构与功能的辩证关系还表现为二者的相互作用、相互转化。

结构的变化引起功能的变化。有什么样的结构，就相应地有什么样的功能，结构发生了变化，功能必然要发生变化。金刚石晶莹剔透，价格昂贵，如经工匠琢磨成钻石，更是世间奇珍异宝。石墨则呈铁黑色，易污染，适合做价格低廉的铅笔芯。金刚石和石墨同样是由碳原子组成，通过人工的方法，把石墨的结构改变为金刚石的结构，可以制造成人造金刚石。在 5000 摄氏度和 20 万个大气压的条件下，把石墨的碳原子间的结构，由原来的近似"二维片状结构"，改换成金刚石的"三维点阵结构"，于是石墨的性状由不透明变得透明，由导电变为不导电，硬度由 1 变成 10。这样就可以"点石成金"，把石墨加工制作成人造金刚石了。

中国俗话中有"三个和尚没水吃"和"三个臭皮匠，顶个诸葛亮"的说法。同样是三个人组成的系统，为什么"三个和尚没水吃"，而"三个臭皮匠，顶个诸葛亮"，原因就在于结构上，结构构成不同，功能也就不同。结构不合理，系统的内耗增加，系统的整体功能就下降；结构合理，系统组成要素的功能就会相互激发，系统的整体功能就会得到放大，系统功能就可以优化。系统的结构变化了，系统的功能也会随之发生相应的变化。各种系统要达到一定的功能，就不能停留在一种结构上，而需要进行不断的结构更新。中国改革开放初期，农村实行了家庭联产承包责任制的改革，与人民公社时期相比，人员、土地、生产资料都没有什么变化，但是生产组织结构改变了，结果极大地解放了农村生产力，长期困扰我国农村的温饱问题很快就得到了解决。这说明，系统的结构决定系统的功能，系统的结构变化了，系统的功能也会随之发生相应的变化。这是自然界和人类社会存在的普遍的带有规律性的现象。

综观客观世界中的物理系统、化学系统、生物系统、社会系统的演变，各种系统的结构变化，无不对系统功能的变化产生决定作用。马克思对社会结构变化引起社会形态变化非常重视。他指出：劳动者和生产资料始终是生产的因素，凡是要进行生产，就必须使它们结合起来，而实行这种结合的特殊方式也就是社会的经济结构，社会经济结构的不同，使社会形态区分为不同的时期，社会结构的变化则标明了社会形态的变化。

结构性原则告诉我们，根据结构决定功能的原理，合理的结构促进系统功能的优化，不合理的结构造成系统功能的内耗，只有通过结构的合理化，才能实现系统的功能优化。

在当代科学研究和社会实践中，结构性原则得到了广泛的应用。人们越来越重视对各类系统结构的研究。如对知识结构、领导班子结构、生产力结构、生产关系结构、经济结构、产业结构、投资结构、消费结构、城乡结构等的研究，其目的都是为了通过结构的调整和优化，实现系统功能的优化。

当前，我国的发展面临着转变经济发展方式的艰巨任务。我国的经济发展方式之所以陈旧和存在弊端，其根源之一在于经济结构的不合理、不协调。转变经济发展方式必须以经济结构的调整为主攻方向。通过产业结构的调整，做优第一产业，做强第二产业，做大第三产业，培育和发展战略型新兴产业，才能实现经济发展方式的转变；进行消费投资结构的调整，提振内需，扩大消费，才能实现从以投资为主导的经济增长方式向以内需为主导的发展方式的转变；调整要素投入结构，增加对科技创新、管理创新、体制创新的投入，才能实现从资源依赖型的发展方式向创新驱动型的发展方式的转变；调整能源消费结构，减少对煤炭、石油、天然气等化石能源的依赖，大力发展风能、水能、太阳能、核能等可再生能源、清洁能源和新型能源，才能实现向低碳经济、绿色经济、循环经济发展方式的转变；调整城乡结构，走中国特色的城镇化道路，建设社会主义新农村，才能实现向城乡一体化的经济发展方式的转变。经济结构调整，对发展方式先进与否起着决定性作用，是提高国民经济整体素质和国际竞争力的关键。

三、从层次性出发分析事物
——山外有山，天外有天

层次概念是由系统科学的产生而凸显出来的新的哲学范畴。系统的层次性也是系统思想的一个重要原则。

系统科学认为，系统是由若干相互作用的子系统所组成的，系统和子系统的划分具有相对性，不仅系统可以看作更高层次上较大系统的子系统，而且子系统也可以看作由更低层次上若干较小的子系统所组成的系统。所谓层次，指的是系统中的这种垂直隶属关系。它是系统中不同的组成部分之间在依次隶属的关系中形成的等级。

任何系统都具有层次性，都是由若干不同层次的子系统组成的复合体。

客观物质世界的层次是不可穷尽的，层中有层，层上有层，层层叠叠，永不穷尽，真可谓"山外有山，天外有天"。

无机界是一个由层子——基本粒子——原子核——原子——地上物体——行星——恒星——星系团——超星系——总星系等不同层次所组成的宇宙系统。目前，人类所能够观测到的星系大约有 10 亿个，但还是无穷尽。

整个有机自然界呈现为由生物大分子——细胞器——细胞——组织——器官——系统——个体——群体——生态群——生物圈等各个层次组成的有机界系统。从生物大分子到生物圈，层次分明，每一个层次都可以相对独立地自成系统，形成生命界的复杂层次结构。

人类社会也是一个由众多层次构成的复杂系统。如基层的生产经营组织是企业、公司、商店等，它们分属于农业系统、工业系统、商业系统、交通运输系统等社会组织，而农业系统、工业系统、商业系统、交通运输系统又属于经济系统，经济系统又与政治系统、文化系统等组成社会大系统。

系统之所以具有层次性，是有其深刻原因的。

美国著名系统科学家、诺贝尔奖获得者西蒙（Simon，1916—2001 年）曾指出，在要素由自组织形成系统的过程中，它们的基本结合方式是分层次进行的，即由要素先组合成低层次的子系统，然后再由这些子系统组合成更高层次的系统。可以从概率论的角度证明，由层次形成的系统的概率远远大于由同样数目的要素非层次形成的系统。因为，当具有层次结构的系统解体为各个层次上的子系统时，各个子系统的结构并不因此而全部解体；而当非层次结构的系统解体时，它们会分解为各个基本的组成要素，全部结构都被破坏了。

系统的层次性还表明，在系统的任何层次上，都有组成它的低层次子系统所不具备的性质、功能和规律。

在无机界，原子具有其组成要素所没有的原子序数和质量数，并且具有其组成要素所没有的能谱和其他性质。同样，分子亦具有分子结构和特征能谱，该能谱并非组成分子的原子的能谱之简单叠加。同样，行星具有宏观物体所没有的自转和公转等性质，而太阳系则具有行星所不具有的结构方式，如此等等。

在生命界，从生物大分子到细胞、组织、器官、系统、生物个体、种群、生物群落、生物圈和生态系统，每一层次也都有新性质的出现。例如，细胞是生物大分子的一个层次，细胞能吸收生物大分子，并进行重组、集合和排除别的成分，它可以替换非功能成分，排除和抑制某些化学成分，即对自身实施某种清理和修补、进行分化等，这些都是生物大分子所不具备的性质。再如，人有七情六欲、喜怒哀乐，这是人的神经系统和思维器官的功能，它是人体的细胞、组织、器官等层次所没有的。

在社会系统中，随着社会组织层次的提高，系统也会有新的性质和功能的涌现。

一个生产班组就没有企业、公司全面地协调供、产、销的职能。而一个企业、公司就没有对整个宏观经济系统进行宏观调控、平衡全社会供需矛盾的职能。而经济系统又不会有作为更高层次的社会大系统的政治、文化职能。当然，每一个层次的功能的出现，又绝不是构成它的子系统的性质和功能的简单加和。

系统不同层次上属性的不同，表明了不同层次上系统活动规律的不同。

系统的不同层次既有共同的运动规律，又有各自不同的特殊运动规律，层次不同，规律有别。例如，宇观天体、宏观物体和微观粒子处于不同的层次，宇观天体遵守的是相对论力学规律，宏观物体遵守的是牛顿力学规律，而微观粒子遵守的是量子力学规律。认识和研究系统，不仅要揭示系统固有的层次，发现不同层次上的共有规律，而且特别重要的是发现不同层次上的特殊规律。贝塔朗菲强调指出，等级秩序原理是系统论的主要理论支柱。贝塔朗菲所说的"等级秩序"，指的就是系统的不同层次具有的不同规律。

系统的层次不同，属性就会不同，规律就会有别，由此，从系统理论引申出一种与简化还原论不同的系统层次分析方法。

简化还原论作为一种传统分析方法，为了认识事物的整体属性，把整体分解为部分，再把部分分解为更基本的组成单位，然后通过这些孤立的基本单元的属性及其简单加和来认识对象的整体属性。这种简化分析方法虽然曾极大地推动了科学研究的深入发展，但由于没有层次观念，忽略和舍弃了事物组成部分之间的复杂联系，结果势必要把事物的属性归结为组成它的基本单元的属性以及这些属性的简单加和，因而不能达到对系统整体涌现性的认识。系统层次分析方法是同简化还原论根本对立的科学研究方法。进行系统层次分析，重点在于研究系统各个层次上的特有属性和特殊规律，研究各个层次上质的差异性，进而揭示出系统整体对其组成要素所具有的"超越质"，即其各组成要素所不具有而为系统所独具的整体涌现性。因此，系统层次分析能够揭示系统在不同层次上的特有属性和规律，避免对事物简化还原的片面认识。

层次性原则在科学研究和社会实践中的应用是十分广泛的。

研究系统不同层次上的特殊运动规律，历来是科学研究的重要课题。这一思想对于我国的改革也具有重要的指导意义。例如，改革开放过程中有一个长期困扰我们的问题，就是经济生活中出现的"一放就活，一活就乱，一乱就统，一统就死"的恶性循环。究其原因之一，就在于忽略了国民经济系统在宏观层次和微观层次上的不同运动规律和要求。要搞活经济，必须在微观经济的层次上扩大企业的自主权，使企业做到自主经营、自负盈亏、自我发展，发挥市场经济"看不见的手"的作用；但在宏观经济层次上，则必须加强调控，充分利用一切经济手段、法律手段乃至行政手段，加强集中管理和统一领导，建立良好的经济运行秩序，这又要充分发挥政府这只"看得见的手"的作用。如果对宏观经济和微观经济的层次性不加区别，在微观经济放权搞活的同时，忽视宏观经济调控体系的建立和完善，那么出现"一放就乱"的局面就在所难免了。可见，在深化改革的过程中，必须坚持层次性的原则，根据经济系统不同层次上的不同规律和要求，做到微观放开搞活、宏观管住管好。我国实行的是社会主义市场经济，充分发挥市场在资源配置中的决定性作用，更好地发挥政府的作用，把加强宏观调控与发挥市场机制结合起来，尤为重要。

四、凭开放的眼光看世界
——开放导致有序，封闭导致无序

任何系统都是开放的，开放性也是系统思想的重要原则。

20 世纪 40 年代以来，对系统开放性的研究开始形成和不断发展。先是贝塔朗菲提出了开放系统理论，接着耗散结构理论的创始人普利高津（Prigogine，1917—2003 年）又对开放系统的机制进行了创新性的阐发，此后哈肯（Haken，1927 年— ）的协同学和艾根（Eigen，1927 年— ）的超循环理论也对开放系统的机制进行了深入的研究。在对这些最新科学成果进行概括和提炼的基础上，唯物辩证法的系统开放性观点借助于新的范畴有了更新的表述。

唯物辩证法的系统开放性观点认为，系统可以分为孤立系统、封闭系统和开放系统。但系统思想同时又认为，孤立系统和封闭系统只是一种理论上的抽象，现实系统都是开放的。

所谓系统是开放的，即是说，系统与外界环境之间不断进行着物质、能量和信息的传递与交换。系统的开放性原则揭示的是系统凭借与外界环境的这种相互联系、相互作用而不断发展演化的特征。它表明：第一，开放是系统维持自身

211

和不断发展的必要条件。正是在与外界环境的物质、能量、信息的交换过程中，系统通过引进"负熵"才能维持和更新自身的结构，实现从无序向有序的演化。第二，系统处于封闭状态和不能正常地与外界进行物质、能量、信息的交换，系统的结构就不能维持和发展，并不可避免地要导致结构的解体和混乱无序。第三，如果系统在与外界的物质、能量和信息交换中引进的是"正熵"，系统也要导致解体和混乱。

开放导致有序，封闭导致无序，这是自然界从无机物系统到有机物系统都遵循的规律。

现代科学成果表明，任何物理系统的有序化都需要与外部环境交换物质和能量，如晶体的生长、大分子的形成，都要吸收和放出能量。同样，任何一个有机体的生长和发育，任何生物种群发展和进化的基础和机制都离不开新陈代谢。一旦新陈代谢停止了，生物系统就要走向解体。自然系统是如此，人类社会系统也是如此。

在世界历史上，由于闭关自守而导致落后的事例不胜枚举。一个典型的事例是玛雅人的衰落。据说，玛雅人是亚洲人的后代，在最后一个冰期，他们的祖先离别故土，越过封冻了的白令海峡，踏上了美洲新大陆，繁衍生息两万年，在中美洲形成了一个人类文化发源地。一万年前，气候变暖，冰期结束，白令海峡复陷。美洲大陆被两大洋隔离，形成孤岛，陷于封闭状态。公元前 1000 年左右，人类进入青铜时代，后来又学会冶铁技术，而玛雅人到公元 16 世纪还处于石器时代，一直没有金属、没有车辆、没有犁。刀耕火种，采集狩猎几万年，生产方式没有与亚欧大陆同步前进。公元 1500 年，西班牙人入侵，玛雅人毫无抵抗能力，整个民族衰微。现在墨西哥只有 20% 的印地安人，70% 是混血人。玛雅人的历史证明，在开放的世界中一个封闭的社会是无法发展的。

我国历史上也有过封闭导致落后的惨痛教训。邓小平就说过："任何国家要发达起来，闭关自守都不可能。我们吃过这个苦头，我们的老祖宗吃过这个苦头。恐怕明朝明成祖时候，郑和（1371—1433 年）下西洋还算是开放的。明成祖死后，明朝逐渐衰落。以后清朝康乾时代，不能说是开放。如果从明朝中叶算起，也有近二百年。长期闭关自守，把中国搞得贫穷落后，愚昧无知。"[9] 邓小平对中国近代历史经验的总结，更能说明封闭对发展的窒息。郑和下西洋是 1405 年，比哥伦布（Columbus，1451—1506 年）1492 年发现新大陆早了近 90 年。但是 1433 年明宣宗朱瞻基（1398—1435 年）宣布实行封关，销毁了可以出海的航船。清朝的康熙（1654—1722 年）和乾隆（1711—1799 年）虽有文治武功的美誉，但也实行了海禁政策。这种闭关锁国的政策阻断了中国与世界文明发展的联系，从而埋下了衰落的种子。

与此形成鲜明对照的是，比康熙小 20 岁的俄皇彼得大帝（1672—1725 年），亲自去欧洲考察，回国后大力发展工业和科学，成立了圣彼得堡科学院，吸引了很多欧洲科学家来工作。两种不同的发展道路，使中俄两国的实力对比发生了明显的变化。从 1652 年到 1689 年，俄入侵黑龙江一带共 37 年大多无功而返。到了 19 世纪，俄国的工业、军事有了较大发展，其后的屡次中俄战争，清朝连连失败，丢掉了一百多万平方公里的土地。中俄近代史的这一对比，可以说是开放导致有序、封闭导致无序的很好例证。

"现在的世界是开放的世界"，"中国的发展离不开世界"，这是邓小平运用马克思主义哲学观察当代世界发展大势、总结历史经验、研究现代化的客观规律得出的重要结论，也是中国改革开放对系统开放性原则最出色的运用。

"现在的世界是开放的世界"，就是指世界各民族、各国家之间的经济、政治、文化和科学交往越来越普遍化，世界各民族、各国家处于相互影响、相互制约、相互依赖的历史阶段。资本主义生产方式的兴起，开拓了世界市场，使世界步入了开放的时代。而在当代，经济生活全面国际化，世界经济出现了全球化、一体化的趋势。世界生产力的高度发展，生产和资本的国际化达到了一个新的更高阶段。国际贸易迅速发展，跨国公司遍布世界，这使得人流、物流、资金流、信息流打破国界，在全世界广泛流动。随着经济的发展，世界各国对资源的需求量越来越大，现在没有任何一个国家，能够拥有和生产自己所需要的一切原料和材料。进口国际资源、利用国际资源，成为世界所有国家的惯例。国际贸易状况是反映世界开放程度的一个综合标志，这表明世界的开放程度已达到前所未有的程度，任何国家都不能孤立于世界之外。

"中国的发展离不开世界。"中华人民共和国成立以后，由于复杂的国内国际因素，我国的对外开放也是不正常的，结果造成我国发展缓慢，与发达国家和周边国家的差距进一步拉大。邓小平在总结新中国成立之后的经验教训时强调指出："建国以后，人家封锁我们，在某种程度上我们也还是闭关自守，这给我们带来了一些困难。三十几年的经验教训告诉我们，关起门来搞建设是不行的，发展不起来。" [10] 改革开放以来，我国实现了由封闭半封闭向对外开放的转变，大力引进国外先进技术，引进国际资金，吸收和借鉴国外先进的经营方式、管理方式，吸收和借鉴国外一切有益的知识和经验，建立形成了开放型经济，实现了国民经济的迅速崛起。在全球化深入发展的条件下，进一步扩大开放，是加快我国现代化建设的必然选择，也是与国际社会共同应对挑战、共享发展机遇的客观需要。在夺取全面建设小康社会和实现现代化的进程中，我们要适应世界格局的深刻变化，坚持对外开放的基本国策，实施互利共赢的开放战略，进一步扩大开放领域、拓展开放空间、提高开放质量、完善开放型经济体系，形成新形势下参与国际经济合作和竞争的新优势。

结　语

系统思想作为人类认识世界、改造世界的哲学思维方式，是辩证法联系原则与发展原则的统一，同联系的观点、发展的观点、全面的观点看问题是一致的，具有哲学世界观、方法论意义。系统思想要求我们用系统的观点认识世界，包括认识人类社会。掌握系统的哲学思维方式，对于今天来说具有重大的现实意义。我国正在进行的社会主义改革开放是一项复杂的社会系统工程，中国特色社会主义现代化建设是一项复杂的系统工程，这要求我们用系统观点观察问题、分析问题、解决问题，不断推进中国特色社会主义事业的顺利发展。

注　释

1　贝塔朗菲:《普通系统论的历史和现状》,载《科学学译文集》,科学出版社 1980 年版,第 322 页。

2　参见贝塔朗菲:《一般系统论的发展》,《自然辩证法学习通讯》1981 年增刊。

3　《马克思恩格斯全集》第 23 卷,人民出版社 1972 年版,第 362 页。

4　《马克思恩格斯全集》第 32 卷,人民出版社 1998 年版,第 294 页。

5　《马克思恩格斯全集》第 44 卷,人民出版社 2001 年版,第 378 页。

6　《邓小平文选》第三卷,人民出版社 1993 年版,第 341 页。

7　《邓小平文选》第三卷,人民出版社 1993 年版,第 25 页。

8　《马克思恩格斯全集》第 20 卷,人民出版社 1971 年版,第 141 页。

9　《邓小平文选》第三卷,人民出版社 1993 年版,第 90 页。

10　《邓小平文选》第三卷,人民出版社 1993 年版,第 64 页。

把握事物联系与发展的基本环节

——唯物辩证法的重要范畴

哲学范畴是反映事物、现象最普遍本质和关系的概念。认识和掌握范畴是认识一切事物、把握一切规律的科学途径。对立与统一、质与量、肯定与否定、都是唯物辩证法的基本范畴。此外、唯物主义辩证法的范畴还有内容与形式、现象与本质、原因与结果、必然性与偶然性、可能性与现实性等。掌握这些范畴的辩证关系、有利于把握事物联系和发展的基本环节、有利于通晓事物的规律性。

范畴是各门科学中的最基本概念。各门科学都有自己的范畴。如经济学中的商品、价值、货币、资本，生物学中的细胞、基因、遗传、进化，物理学中的物质、重量、质量、速度、能量等。范畴反映了各门科学研究领域的事物、现象的普遍本质、相互关系。哲学范畴是反映事物、现象最普遍本质和关系的概念，适用于一切科学领域。范畴是客观事物的反映，既不是人脑固有的，又不是先于事物而存在的。认识和掌握范畴是认识一切事物、把握一切规律的科学途径。联系与发展是自然界、人类社会和人类思维具有的基本特征，联系与发展又是通过一系列基本环节体现出来和得以实现的。唯物辩证法作为研究世界联系和发展的科学，形成了一系列范畴反映这些联系和发展。前文所说到的对立与统一、质与量、肯定与否定，都是唯物辩证法的基本范畴，这些范畴揭示了物质世界最普遍的本质联系和发展的基本过程与趋势，形成了唯物主义辩证法的基本规律。此外，唯物主义辩证法的范畴还有内容与形式、现象与本质、原因与结果、必然性与偶然性、可能性与现实性等。掌握这些范畴的辩证关系，有利于把握事物联系和发展的基本环节，有利于通晓事物的规律性，有利于提高认识世界和改造世界的能力。

一、反对形式主义
——从文山会海看内容与形式

各种文山会海泛滥成灾，早已成为中国各级党政机关的"老大难"问题。20 年前，曾有商业部搬出"文山"展览示众。说明词介绍：该部每年因印发文件和简报要用掉 22 万元、4000 令纸，能装满 25 辆解放牌卡车。某县一个乡政府为开会行文，四年赊账 28700 元，拖垮邻近的一家打字复印店。据《半月谈》报道，一个县委主要领导，一年中参加的大小会议、活动不少于 1000 次，真是令人叹为观止！[1] 必须坚决治理以会议落实会议、以文件落实文件一类的形式主义、官僚主义会风、文风、作风痼疾。

例行公事的太平会，轮流发言的推磨会，议而不决的扯皮会，言不及义的闲谈会，名目繁多的庆祝会，旷日持久的马拉松会；会外有会，会内有会，会前有会，会后有会；官话、假话、大话、空话、套话、长话、废话、车轱辘话；繁文缛节中，"以其昏昏，使人昭昭"，"言者谆谆，听者邈邈"。炫耀彰显了多少人的虚荣，消磨损耗了多少人的精神。

由于"文山会海"，导致起草材料累、会务接待累、干部赴会累，既消耗了大量人力、物力和财力，极大增加了行政成本，又降低了工作效率。由于"文山会海"，使得一些工作在"文山"之上缓缓推进，在"会海"之中慢慢漂移，使得一些干部整天攀爬在"文山"之上、畅游于"会海"之中，斗志和激情被消磨殆尽。无边无际、无休无止的文山会海就像巨大的黑洞，吞噬了无穷无尽的人力、物力、财力，既糟蹋了来之不易的金钱，又浪费了不复再来的时间。

曾有这么一副对联给此类痼疾画了个像：上联是"今天开会，明天开会，天天开会"，下联是"你也讲话，我也讲话，人人讲话"，横批是"无人落实"。难怪有的乡镇干部编了顺口溜："开大会开中会开小会，开了白开；你也说我也说他也说，说了白说"，结果到头来还是一场空。

诚然，解决文山会海问题，需要从认识上、制度上、作风上、具体操作上加以解决。但这里却提出了一个不容回避的哲学问题：开会、发文只不过是一种领导方式，即一种形式，而会上要讲什么、文中要写什么、实际要做什么，才是实质内容，这就提出了正确认识和处理形式与内容的关系问题。弄清内容与形式的辩证关系，有助于从理论上真正认清形式主义的危害。

任何事物都有自己的内容和形式，是内容和形式的统一。内容与形式是从构成要素和表现方式两个方面反映事物的一对范畴。内容是事物内部各种要素的总和，形式是事物内在要素相互联系采取的表现方式。

包子好吃不好吃、价钱贵不贵、卖包子赚不赚钱，更多的是取决于包子馅而不是包子皮，当然包子皮有问题包子也卖不出好价钱。包子馅好比是"内容"，包子皮好比是"形式"，二者的有机统一才是包子。有一个蹩脚商贩，为了多赚钱，把包子皮做得厚厚的，把包子馅做得小小的。顾客买了包子咬了几口，还没有吃到包子馅，久而久之这个包子铺肯定就少人问津了。当然，也有会做生意的，把包子馅做得又香又大，包子皮做得又薄又好，结果生意越做越红火。这说明，形式与内容二者是辩证统一的，包子馅与包子皮二者有机统一才是美味可口的包子。如果包子没馅，只有皮，就不是包子，而是馒头了；如果只有馅，而没有皮，也不是包子，而是肉丸子。只讲形式，不要内容，就是形式主义。当然，只讲内容，没有形式，内容再好，也表现不出来。形式符合内容的要求，这是做事成功的必要条件。

内容和形式是辩证统一的关系。

——**内容居于主导地位，内容决定形式，形式依赖于内容**。一定的内容要求采取一定的形式来实现，有什么样的内容，就要求有什么样的与之相适应的形式。因为构成内容的要素是形式的承担者，其结构形式则是各要素之间具有的稳定性的关系，要素之间采取何种表现形式决定于要素的性质及其整体联系所要达到的功能。

——**内容的变化决定形式的变化**。由于内容居于决定地位，它不会允许与自己不相适应的形式长久存在下去，在它发展的一定阶段上，就要求抛弃旧的形式，创立新的形式。

——**形式具有相对独立性，形式对内容并不是消极的、被动的，而是对内容有巨大的反作用**。这种反作用表现在两个方面：一方面，当形式适合于内容时，它能够对内容的发展起强有力的推进作用；另一方面，当形式不适合内容的时候，形式对内容的发展就起着延缓和阻碍的作用；当不变更形式内容就不能发展的时候，形式的变更甚至可以起主要的决定作用。

从事物的发展过程来看，内容和形式的统一具有暂时的、相对的性质。在内容与形式的关系中，内容是比较活跃的、易变的，而形式则是比较不活跃的、相对稳定的。这样，就形成了内容和形式的矛盾运动，并贯穿于事物发展的始终。

在内容与形式的矛盾运动中，内容居于支配地位，形式终究要适应内容的发展要求而发生相应的变化。当旧形式不再适应内容的要求，甚至阻碍内容的发展时，内容就会冲破旧形式的束缚而要求新的形式。内容和形式的矛盾运动主要表现为，从基本适应到基本不适应，再由基本不适应到基本适应，是一个循环往复不断发展变化的过程。

例如，生产活动是人类改造自然、创造物质财富的活动，是劳动者使用以劳动工具为主的生产资料实现物质生产和生活资料的生产和再生产的过程。在这个过程中，劳动者和劳动工具、劳动对象的总和构成的生产力，就是生产活动的内容。这些生产要素以不同的方式结合在一起，形成不同的生产资料所有制、不同的分配关系、资源在生产中的不同配置方式，这些就构成了生产活动的形式。任何一个社会的生产活动都是通过生产力与生产关系的统一来进行的，这是生产活动的内容与形式的统一。仅有生产力的内容，而没有一定的生产关系的形式，生产活动就不可能进行。

人们进行生产活动，目的是要创造更多更好的物质财富，这就要求提高社会生产力的水平。而生产力的发展又要求有与之相适应的形式。如果生产资料所有制、分配制度、资源的配置方式这些生产活动的形式不合理，就会阻碍生产力水平的提高和效率的发挥，提高生产力水平的这个内容也不能实现，这时就需要改变生产关系这个形式，建立更为符合生产力发展要求的生产资料所有制、分配制度和资源配置方式。只有通过创建更为符合生产力发展要求的生产关系形式，社会生产才能更好地发展。

改革开放之前，我国实行"一大二公"、"纯之又纯"的公有制，"吃大锅饭"的平均主义分配制度，僵化的计划经济资源配置方式，这种生产关系的具体形式严重束缚了生产力的发展。社会生产的内在要求迫切需要改变这种不合理的生产关系形式。改革开放以来，我国实行了以公有制为主体、多种经济共同发展的所有制制度，以按劳分配为主与多种分配形式相结合的分配制度，建立社会主义市场经济体制，结果极大地解放和发展了生产力，社会生产得到了前所未有的发展。

事实表明，生产力与生产关系这种内容与形式的矛盾运动，永远不会停止在一个水平上。生产力不会停止发展，生产关系也不会有一种永远不变的完美形式。当前，我国的社会生产虽有很大发展但还不能称之为发达，人民希望生产力有更大的提高能够创造更多的物质财富，但生产关系的具体形式还存在很多需要改善的地方，如分配不公、差距过大、无序竞争等。这表明生产关系的具体形式还不完全符合生产力这个内容的要求，仍需通过改革，进一步创新和完善适应生产力内容发展的生产关系形式。

辩证法还告诉我们，内容与形式之间并没有绝对的界限，在一定条件下，某一内容的形式，可以成为另一形式的内容；某一形式的内容，亦可以成为另一内容的形式。

例如，在人类改造自然界的活动中，贯穿着生产力和生产关系的矛盾，其中生产力是内容、生产关系是形式。在改造社会的活动中，贯穿着经济基础和上层建筑的矛盾，经济基础即一个社会占统治地位的生产关系的总和是内容，而上层建筑则成为它的形式。由此可见，生产关系是生产力的形式，又是上层建筑的内容。

现实的世界是纷繁复杂的，事物的内容和形式也必然是复杂的。因此，对于内容和形式的关系，不能作简单化的理解。

在现实生活中，内容和形式并不都是一一对应的关系。同一内容，可以有多种不同的表现形式；同一形式也可以表现不同的内容，所以要具体事物具体分析，切不可简单化处理。例如，歌颂英雄人物，弘扬真善美的精神，或者批评消极腐败现象，痛斥假丑恶的行为，可以通过小说、诗歌、戏剧、电影、电视剧、相声、小品、漫画等多种形式来表现，不是只有一种形式。传达上级指示精神，贯彻落实某项工作，可以采取会议动员、报刊报道、网络通知、典型示范、现场指导等多种形式，也并不是只能采取层层开会宣读文件这样一种单调的形式，更不能采取以会议落实会议、以文件指导文件的形式主义、官僚主义的工作方式。

内容和形式关系的复杂性还表现在，新内容可以利用某些旧的形式，旧内容也可以利用新的形式。

当然，这种利用绝不是对原有的内容和形式原封不动地照搬，不能新瓶装旧酒、换汤不换药，而是要对旧的形式进行改造并加以创新，以适应新内容的需要。例如，在新的形势下，人民内部矛盾的内容有了很大变化，利益矛盾变得更突出了，房屋拆迁、城市扩建、环境污染等引发的矛盾无不与人们的切身利益相关。解决这些矛盾，仍然可以运用也需要坚持运用批评与自我批评、说服教育这种行之有效的工作形式，但是想做到"我说你听，我打你通"，绝不能回避人们的利益诉求，还要采取利益调节、合理补偿、依法裁决等新形式来解决矛盾。

掌握内容和形式辩证统一的原理，处理好内容和形式的关系，具有重要的现实意义。要注重内容，讲求形式，反对形式主义。

一方面，要注重事物的内容，事物的发展变化体现在内容的不断更新上，不能脱离开内容去片面追求形式，以形式替代内容；另一方面，又不能忽视形式对内容的反作用，应当依据内容发展的要求，选择适合内容的形式，并不断地及时变更那些已经不适合内容的旧形式，创造新形式。

在实际工作中，既要注意讲究形式，又必须反对形式主义。形式主义背离了形式与内容相统一的原则，颠倒了内容与形式的主次关系，本末倒置，舍本逐末，是官僚主义的工作作风。形式主义不从实际出发，做工作只图虚名而不办实事，写文章、作报告，空话连篇，无的放矢；贯彻上级指示，玩花架子，作表面文章；搞社会调查，或蜻蜓点水，浅尝辄止，或事先安排，哗众取宠，如此等等。搞形式主义，要么是一些人推卸责任、消极对抗上级指示的惯用手法；要么是利用形式，另有所图，达到某些不可示人的目的。华而不实的形式主义，别有居心的形式主义，败坏了我们党的一切从实际出发、实事求是的作风，是党的肌体的腐蚀剂，是广大干部群众十分厌恶的东西。在实际工作中，一定要坚持形式与内容的辩证统一，坚决反对和防止形式主义。

二、透过现象看本质
——怎样练就"火眼金睛"

孙悟空是中国四大古典名著之一《西游记》中的人物。

他武艺高强，勇敢机智，刚正不阿，疾恶如仇，会七十二变，能腾云驾雾。特别是他有一双火眼金睛，能看穿妖魔鬼怪的伪装。《西游记》第二十七回"尸魔三戏唐三藏　圣僧恨逐美猴王"，所描写的孙悟空"三打白骨精"的故事，更是家喻户晓。

唐僧师徒四人西天取经，经过宛子山，妖魔白骨精为了吃唐僧肉而长生不老，第一次变成了月貌花容的村姑来送斋饭，把猪八戒迷得神魂颠倒，唐僧也不辨真伪，认为来了个"女菩萨"。孙悟空火眼金睛，一眼识破白骨精的伪装，一金箍棒将白骨精打跑，唐僧才没有落入妖精手中。唐僧却认为孙悟空无故伤人性命。白骨精一计不成，又连施两计，先变成白发老妪来寻女儿，又被孙悟空识破、打跑；再变成白发老公公，来寻女儿和老伴，唐僧大发慈悲，几乎上当，但还是躲不过孙悟空的火眼金睛，任凭白骨精用尽心机，又被孙悟空识破它的原形和诡计。心地善良的唐僧误认为孙悟空无故三次伤人，佛法难容，竟然将孙悟空赶回花果山。离开孙悟空，唐僧果然中了白骨精的奸计，被白骨精将他和沙僧掳去。猪八戒侥幸逃出，急奔花果山，智激美猴王。孙悟空救师心切，不念前怨，毅然下山，变成老妖，巧入妖精洞府，一番激战，终于打死白骨精，解救出唐僧和沙僧，师徒四人又愉快上路，继续西天取经。

毛泽东在《七律 和郭沫若同志》一诗中盛赞孙悟空:

> 一从大地起风雷,便有精生白骨堆。
>
> 僧是愚氓犹可训,妖为鬼蜮必成灾。
>
> 金猴奋起千钧棒,玉宇澄清万里埃。
>
> 今日欢呼孙大圣,只缘妖雾又重来。

唐僧识不破白骨精、蝇子精、鲇鱼精、老鼠精等妖精,分不清好人坏人,一心只想"普渡众生"。若不是孙悟空的火眼金睛能够识别真伪人妖,制服妖魔鬼怪,唐僧如何能上西天取经?所以,在《西游记》中,孙悟空常说:"我老孙有火眼金睛,可以识得妖怪。"火眼金睛是孙悟空的专利,是孙悟空在太上老君的八卦炉中煅烧了七七四十九天的意外收获。

当然,《西游记》只是神话故事,现实中并没有火眼金睛的孙悟空。但《西游记》的故事却对人们有着深刻的启示。在现实生活中,以善掩恶,以假乱真,大奸若忠,大贪若廉,佞臣贼子装作忠贞不二,腐败分子高唱反腐高调,战争贩子扮作和平使者,这类现象屡见不鲜。当然,现象也有真相和假象之分,本质也有深浅之别,这就要求我们分辨是非真伪,区分事物的现象与本质。如果拿"三打白骨精"打个比方，白骨精变成美丽少女、白发老妪、悲情老翁，这都是事物的现象，乃至是假象，而事物的本质则是一个想吃唐僧肉的妖精。怎样才能练就一双火眼金睛呢？需要我们掌握现象与本质的辩证法，学会透过事物的现象看清本质的本事。

任何事物都具有现象与本质两个方面。现象是事物的外部联系和表面特征，是事物本质的外在表现，是人们认识和研究事物首先感觉和接触到的东西。本质是事物的根本性质，是事物内部构成要素的稳定的联系，是深藏于事物现象之后的东西。

现象是表面的、丰富多彩的、变动不居的，事物的现象可以凭借人的感官去感知；而本质则是隐蔽的、比较一般的、相对稳定的，事物的本质要靠人的抽象思维才能把握。马克思指出："如果事物的表现形式和事物的本质会直接合而为一，一切科学就都成为多余的了。"[2]

大千世界之所以千姿百态、五光十色，就在于万事万物的现象是丰富多彩、变化多端的。现象裸露在人们面前，而本质却深藏于现象之中。列宁曾以海水作比喻，形象地指出，现象如同浮在水表面的泡沫，本质就像水底层的深流。人们在实践中首先接触到的就是事物的现象，经过对现象的感知和理性分析，才能逐步深入到事物的内部，接触到事物的本质。

研究事物的现象，应注意区分真相和假象。真相是本质的表现，假象也是本质的表现。

现象的丰富多彩，突出体现在现象的多样性上。在五光十色的现象中，既有真相，又有假象，从正面表现本质的是真相，从反面表现本质的是假象。列宁说："不仅本质是客观的，而且外观也是客观的。"[3]"本质具有某种外观。"[4] 由于事物现象是多种多样、真伪并存的，所以，要完全地反映整个的事物，反映事物的本质，反映事物的内部规律性，就必须经过思考和科学研究，将丰富的感觉材料加以去粗取精、去伪存真、由此及彼、由表及里的改造制作功夫。

以自然界中的月光为例。唐朝浪漫主义诗人，被后人誉为"诗仙"的李白（701—762 年）的"床前明月光，疑是地上霜"，唐代现实主义诗人白居易（772—846 年）的"霁月光如练，盈庭复满池"，都是千古传颂的诗句。但是月亮真的发光吗？科学研究表明，月亮本身并不发光，它是反射太阳光到了地球上，所以我们看到它是亮的。它的亮度随着太阳、月亮间的距离的变化而变化。月食就是月球不发光的证明。如果地球转到月球与太阳中间，这三个天体恰好或接近处于一条直线时，那么月球就走进了地球的黑影里，太阳光照不到月球上，月球不再反射太阳光，就发生了月食，也就是民间常说的"天狗吃月亮"。月球全部进入地球的黑影中，形成月全食；只有一部分进入地球黑影，形成月偏食。所以，人们所见到的"月光熠熠"，本质上是月球所反射的太阳光。

在社会现象中，假象很多是人为制造的。"明修栈道，暗渡陈仓"，就是中国古代一个著名的典故。《史记·高祖本纪》记载：项羽（前232—前202年）自封为西楚霸王后，就向各路诸侯分封领地。项羽把巴、蜀、汉中三郡分封给刘邦（前256—前195年），立刘邦为汉王。刘邦自知兵力不如项羽，只得忍气吞声。在去封地的路上，他采用张良（约前250—前186年）的计策，将长达好几百里的栈道全部烧掉，他这是向项羽表白，没有向东扩张、争夺天下的意图。其实，刘邦意在麻痹项羽，是等待具备一定实力后再挥师东进，与项羽一决雌雄。后来，有人起兵反项，刘邦认为时机已到。大将韩信（前231—前196年）提出了"明修栈道，暗渡陈仓"的计策，建议派人去修栈道以迷惑敌方。陈仓就是现在的宝鸡市，是刘邦进入关中的必经之地，两地之间有险山峻岭阻隔，又有雍王章邯（？—前205年）的重兵把守。刘邦采纳了韩信的计策，派大将樊哙（前242—前189年）带领一万人去佯修已被刘邦进汉中时烧毁的五百里栈道，摆出要从褒斜道出兵的架势，迷惑麻痹了陈仓的守将。陈仓的雍王章邯万万没想到韩信率领精锐部队摸着无人知晓的小道翻山越岭偷袭了陈仓，章邯兵败自杀。刘邦顺利挺进到关中，站稳了脚跟，从此拉开了他开创汉王朝事业的大幕。后来"明修栈道，暗渡陈仓"就成为一种非常规用兵的法则和军事谋略，指的是制造假象，迷惑敌人，用来掩盖真实的攻击路线，而从侧翼进行突然袭击，从而达到声东击西、出奇制胜的目的。在战争史上，明修栈道、暗渡陈仓，制造假象，迷惑对方，这样的例证不胜枚举。1991 年，在海湾战争中，美军实施"沙漠盾牌行动"，就是用海面的假登陆掩盖了沙漠中的真迂回，直插伊军后方发起强烈攻势，避实击虚，重创伊拉克军队。军事将领只有善于识破假象，洞察对方的真实意图，才能在战争中不被敌方欺骗而陷于败局。

现象有真与假之分，本质也有深与浅之别。人们认识事物，不仅要透过现象把握本质，而且还要逐层深入地认识本质，揭示事物的规律。

本质有深浅之别，有初级本质、二级本质以及更高级的本质。列宁说："人的思想由现象到本质，由所谓初级本质到二级本质，不断深化，以至无穷。"[5] 正由于本质是有层次的，所以，本质与非本质的区分也是相对的，而不是绝对的。人们在认识了某一层次的本质后，继续深入地研究下去，还会接触到并进一步揭示出更深层次的本质。所以，本质是一种多层次、多等级的构成物，它深刻地展现了现实事物的复杂的层次结构。人们认识事物绝不能仅仅停留在现象上，也不能仅仅停留在初级的本质上，而应当把认识不断地引向深入。

在科学史上，人类对宇宙中心的认识，就是一个对事物现象背后的本质逐渐深入认识的过程。

太阳从东边升起、从西边落下，这是人们在日常生活中几乎天天看到的现象。两千年前古罗马时代的托勒密（Ptolemy，约90—168年）根据人们的这种观测，提出"地心说"。他认为地球是宇宙的中心，地球静止不动，太阳围着地球这一中心由东向西旋转。托勒密的"地心说"还精确地计算出了所有行星运动的轨迹，与当时人们的观测结果也相符合。一千五百年来，人们根据他的计算决定农时。而且由于这个学说与基督教《圣经》中关于天堂、人间、地狱的说法刚好互相吻合，处于统治地位的教廷便竭力支持地心学说，因而地心学说长期居于统治地位。

但是，到了16世纪，科学史上的一场"哥白尼革命"爆发了。哥白尼（Copernicus，1473—1543年）是波兰的天文学家，他提出"日心说"，否定"地心说"。哥白尼从中学时代就对天文学很感兴趣，曾跟着老师在教堂的塔顶上观察星空。他相信研究天文学只有两件法宝：数学和观测。他不辞劳苦，克服困难，每天坚持观测天象，30 年如一日，终于取得了可靠的数据，提出了"日心说"，并在临终前的1543 年出版了他的不朽名著《天体运行论》。可惜这时的哥白尼，已经因为脑溢血而双目失明，他只摸了摸书的封面，便与世长辞了。在这本巨著中，哥白尼明确提出：地球不是宇宙的中心，太阳才是宇宙的中心；不是太阳绕地球运转，而是地球绕太阳运行，同时地球还绕着它自身的轴进行自转。地球自转的方向是自西向东的，因此人们在地球上看到太阳东升西落，这是相对运动的结果。1609 年，意大利科学家伽利略（Galileo，1564—1642 年）发明了天文望远镜，并在 1610 年 1 月 7 日用天文望远镜发现了木星的四颗卫星，为哥白尼学说找到了确凿的证据。1687 年，牛顿提出了万有引力定律，进一步深刻揭示了行星绕太阳运动的力学原因，使日心说有了牢固的理论基础。1842—1846 年，英国天文学家亚当斯（Adams，1819—1892 年）和法国天文学家勒维烈（Le Verrier，1811—1877 年）又根据万有引力定律，预言了一颗尚未发现的行星的存在和位置。1846 年 9 月 23日晚，柏林天文台的加勒（Galle，1812—1910 年）就在勒维烈所预告的新行星出现的位置上，发现了这颗新行星即海王星。到这时，哥白尼"日心说"才最终被证实了。

哥白尼的"日心说",不仅大大深化了人类对地球与太阳之间关系的本质认识,建立了科学的宇宙体系,而且否定了教会把地球置于宇宙中心的宗教义,它标志着自然科学与神学的分离和独立。恩格斯在《自然辩证法》中称此书是"给神学的绝交书",是"自然科学的独立宣言"。很多历史学家认为,近代自然科学就是从1543年起诞生的。

哥白尼,一位科学巨匠,为后世留下了宝贵的遗产。由于时代的局限,哥白尼只是把宇宙的中心从地球移到了太阳,并没有放弃宇宙中心论和宇宙有限论。后来,意大利的哲学家和思想家布鲁诺(Bruno,1548—1600年)扩展了这个理论,他提出太阳系实际上只是无限宇宙中的一个天体系统。因为布鲁诺反对维护宗教统治的经院哲学,接受和发展了哥白尼学说,被宗教裁判所判处死刑,被烧死在罗马的鲜花广场,成为捍卫科学真理的殉道者。

20世纪的科学技术进一步发展,天文学家通过间接手段在太阳系外发现了近150颗行星,它们所在的恒星系统与太阳系类似。这时人们才明白,原来太阳不是宇宙的中心,也不是银河系的中心,而只是太阳系的中心,而太阳系只不过是宇宙大家庭中的普通一员。由此可见,人类对所谓"宇宙中心"的本质认识,是经历了一个多么艰难的逐步深入的过程。

　　人类的认识和实践过程告诉我们，现象与本质是对立统一的关系。本质和现象既有明显的区别，又有内在的紧密联系。现象中蕴含着本质，本质寓于现象之中。

　　事物的本质即使隐蔽得再深，也会通过现象这样或那样地表现出来，任何现象都是本质在某一方面的显现。不表现为现象的赤裸裸的本质或不以某一本质为根据的现象是没有的，二者任何一方离开了另一方都是不能存在的。

　　人们可以透过现象认识事物的本质，从不甚深刻的本质到更深刻的本质，这是科学的认识方法和认识途径。认识的任务就是要透过现象揭示事物的本质和规律。

　　毛泽东说过："我们看事情必须要看它的实质，而把它的现象只看作入门的向导，一进了门就要抓住它的实质，这才是可靠的科学的分析方法。"[6]认识事物的种种现象只是初步的、浅层次的，是一种感性认识，它还不能用来指导实践。只有透过现象进入到事物的本质，把握事物的规律性，用这种理性的认识作指导，去继续研究尚未研究过或尚未深入研究过的现象，才能进一步补充、丰富和加深对于事物本质的认识。这是一个不断地由现象进入到本质、又由本质到现象的循环往复的认识过程。要真正地认识事物，揭示事物运动的规律，就必须深入实际、注重实践、善于观察和分析事物的种种现象，从中找到事物的本质。

三、善于认识原因与结果的辩证关系
——话说蝴蝶效应与彩票中奖

蝴蝶效应是人们津津乐道的一种诡异现象。什么是蝴蝶效应？这还要从美国麻省理工学院气象学家洛伦兹（Lorenz，1917—2008 年）的发现谈起。20 世纪 60 年代，洛伦兹在研究天气预报问题时提出了一种形象的说法，其大意为：一只南美洲亚马孙河流域热带雨林中的蝴蝶，偶尔扇动几下翅膀，可能在两周之后在美国得克萨斯就会引起一场龙卷风。其原因在于：蝴蝶翅膀的运动，导致其身边的空气系统发生变化，并引起微弱气流的产生，而微弱气流的产生又会引起它四周空气或其他系统产生相应的变化，由此引起连锁反应，最终导致其他系统的极大变化。

之所以把这种现象称为蝴蝶效应，又是源于这位气象学家制作的电脑程序的图像。为了预报天气，洛伦兹用计算机求解仿真地球大气的 13 个方程式，试图利用计算机的高速运算来提高长期天气预报的准确性。在 1963 年的一次试验中，为了更细致地考察结果，他把一个中间解 0.506 取出，提高精度到 0.506127 再送回。而当他到咖啡馆喝了杯咖啡回来后，再看时却使他大吃一惊：本来很小的差异，结果却偏离了十万八千里！再次验算发现计算机并没有毛病。洛伦兹由此发现，由于误差以指数级增长，所以一个微小的误差随着不断推移将会造成截然不同的后果。他还发现，图像是混沌的，而且十分像一只蝴蝶张开的双翅，因而他形象地将这一图形以"蝴蝶扇动翅膀"的方式进行阐释，于是便有了蝴蝶效应的说法。从此以后，所谓"蝴蝶效应"之说就不胫而走。

"蝴蝶效应"之所以令人着迷、令人激动、发人深省，不但在于其大胆的想象力和迷人的美学色彩，更在于其深刻的科学内涵和内在的哲学魅力。类似蝴蝶效应的事例在古今中外都是不乏其例的。

第二次世界大战期间，在伦敦英美给养司令部的墙上，醒目地书写了一首 1620 年摇篮曲：

丢失一个钉子，坏了一只蹄铁；

坏了一只蹄铁，折了一匹战马；

折了一匹战马，伤了一位骑士；

伤了一位骑士，输了一场战斗；

输了一场战斗，亡了一个帝国。

马蹄铁上一个钉子是否会丢失，本来是初始条件的十分微小的变化，但其"长期"效应造成的却是一个帝国存与亡的根本差别。这就是军事领域中的"蝴蝶效应"。2011 年 1 月，一向被视为非洲之星的突尼斯，因为一个青年大学生毕业后找不到工作而无证销售水果和蔬菜，遭到警察殴打，投诉无门自杀而死，引起大规模的抗议，进而演化成无法控制的社会骚乱。统治了突尼斯 23 年的铁腕总统本·阿里（Ben Ali，1936年—　）最后变成了众叛亲离的孤家寡人，不得不乘飞机逃亡到沙特阿拉伯去做寓公。当然，引起突尼斯社会骚乱的原因是十分复杂的、深层次的、多元的，大学生自杀事件只不过是一个导火索，由此而引发了一场政治领域中的蝴蝶效应。一个明智的领导者一定要防微杜渐，看似一些极微小的事情却有可能造成全局性的分崩离析，那时岂不是悔之晚矣？

"蝴蝶效应"的理论以实证手段证明了中国一千三百多年前《礼记·经解》中"《易》曰：'君子慎始，差若毫厘，谬以千里'"的哲学思想。

在当代，蝴蝶效应通常表现于天气、股票市场等在一定时段内难以预测的比较复杂的系统中。蝴蝶效应说明，事物发展的结果，对初始条件具有极为敏感的依赖性，初始条件的极小偏差，将会引起结果的极大不同。蝴蝶效应引起了人们对因果性关系的深入认识。

因果联系是物质世界普遍联系的一种情形，是物质世界

发展链条上的重要一环。

因果联系是人们在日常工作和生活中接触最为频繁的一种联系。人们对世界的认识和改造，都离不开对事物的因果关系的探索。

一切事物和现象都处于普遍联系、相互制约之中。每一种现象都是由另一些现象引起的，同时，它又引起了另一些现象。一种现象对于被它引起的现象来说是原因，对于引起它的现象来说则是结果。事物、现象之间这种引起与被引起的关系就是因果关系。

需要注意的是，事物之间先行后续的关系，并不都构成因果关系，白天之后黑夜，但白天并非导致黑夜的原因，昼夜更替的现象是由于地球自转引起的。引起和被引起才是构成因果关系的关键。

因果联系作为物质世界普遍联系中的一个环节，构成了一事物与其他事物相互联系的中介。它对于人们认识和把握事物、现象、过程之间的联系，起着极为重要的作用。

人们可以通过某一种现象、过程的出现，以此为中介，把前后相续的现象和过程连接起来，去追溯产生它的原因，并预测它进一步发展的结果，从而加深和扩展人们对事物的认识。正如列宁所说，原因和结果是各种事件的世界性的相互依存、普遍联系和相应联结的环节，是物质发展这一链条上的一环。

原因与结果存在着对立统一关系。

——它们是对立的。当我们把两组具有因果联系的现象从普遍联系中抽出来观察时，原因和结果是确定的。原因就是原因，结果就是结果。原因不能同时是结果，结果也不能同时是原因。不能倒因为果，也不能倒果为因。天气变冷引起一些人感冒，前者为因，后者为果，但不能倒过来说感冒是天气变冷的原因。

——它们又是统一的。原因与结果在一定条件下互相依存、互为存在的前提，就是说，原因相对于它作用的结果来说成为原因，结果相对于产生它的原因来说才成为结果。原因与结果在一定条件下又互相转化。它们的互相转化有两种情况，一种情形是，甲现象引起乙现象，乙现象又引起丙现象，对于甲现象，乙现象是结果，对于丙现象，乙现象又是原因。比如，下雨过量造成水灾，水灾引起疾病。在前一种因果关系中，水灾是果，在后一种因果关系中，水灾是因。原因和结果互相转化的另一种情形是，当我们从某一过程中抽取相互作用的两个现象考察其因果关系时，就某一种意义说，前者为因，后者为果；就另一种意义说，后者为因，前者为果。比如，理论和实践的关系，没有实践就形不成理论，没有正确理论的指导，也就不可能有成功的实践。在不同意义上，实践和理论互为因果。

因果联系是多种多样、极其复杂的。现实中的因果联系往往不是一个原因产生一个结果，而更多地表现为一因多果、一果多因。

就因果关系的类型来看，有单值因果关系和统计因果关系、线性因果关系和非线性因果关系、非目的因果关系和目的性因果关系。就原因来说，有现在的原因和过去的原因、主观原因和客观原因、内部原因和外部原因、主要原因和次要原因、直接原因和间接原因，等等。

发现非线性因果关系，是人类对因果关系的一种新认识。

再让我们回到蝴蝶效应的讨论上来。前面已经指出，蝴蝶效应表明，有些事物的发展结果，对初始条件具有极为敏感的依赖性，初始条件的极小变化，将会引起结果的极大不同。在科学和哲学中，这被称为非线性因果关系。非线性因果关系是相对于线性因果关系而言的。线性和非线性，本来是数学用语。线性关系是指可以叠加的数学关系，非线性关系是指不可以叠加的数学关系。一般说来，整体和部分之间的关系是加和性的，都可以用线性方程加以表示，正是在这种意义上，系统理论把这类系统称之为线性系统。控制论的创始人艾什比（Ashby，1903—1972 年）指出：在"这种系统中两个原因的合并作用等于它们各自作用的简单的和"[7]。因此线性系统实质上表明了整体与部分之间的一种线性因果关系。线性因果关系最基本的特征是"因果相当",即整体的原因是由各部分的原因组成的,各孤立部分的原因累加起来就能说明结果。笛卡尔(Descartes,1596—1650年)就认为,"在结果里的东西没有不是在它的原因里的"[8]。

德国唯心主义辩证法大师黑格尔的一个重要贡献是,他承认大事件的产生具有一种"导因"。这一思想已接近发现非线性因果关系。实际上,当我们的视野一进入非线性系统的领域如天气变化、股票市场等,线性因果关系观念与现代科学的裂痕就难以弥合了。诺贝尔化学奖得主、耗散结构理论的创始人普利高津(Prigogine,1917—2003年)就指出,在非线性不稳定的世界里,"小的原因可能产生大的效果,但这个世界并非是任意而为的。相反,小事件放大的原因对于合理的研究而言是正当的事情"[9]。现代科学的新进展推动哲学彻底突破线性因果关系观念。

对于唯物辩证法而言,确立非线性因果观念,有着特别重要的意义。

这是因为,形而上学把事物的运动变化归结为单纯的量的增加,只承认量变不承认质变,线性因果关系对于描述这种量的单纯增加,是再合适不过的手段了。但是唯物辩证法不仅承认事物的量变，而且重视事物的质变，不仅承认量的增加和积累，而且承认质的飞跃。而要描述质变、描述飞跃，线性因果关系观念就难以胜任了。只有非线性因果关系观念才能揭示事物从量的积累到质的飞跃。纷繁复杂、变化万千的世界只有在非线性因果的基础上才能够得到更为深刻和全面的说明。

统计性因果关系是因果关系的新形式，是非线性因果关系的一种表现形式。

让我们从大家感兴趣的彩票中奖谈起。改革开放以来，为了发展公益事业，国家政策允许发行体育彩票、福利彩票、赈灾彩票以及各种专项彩票，吸引了很多人购买，确实有的人通过买彩票中大奖，一夜暴富，发了大财。但是为数众多的彩民有的毫无所获，有的入不抵出。那么，怎样看买彩票和中大奖的因果关系呢？有人说这里没有因果联系，因为还有很多人买了彩票而一无所获。

这就涉及因果与概率的关系问题，这个问题在现代科学中也有过争议。比如吸烟能不能引起肺癌，很多肺癌患者曾有长期吸烟的历史，于是有人说吸烟是致癌的原因；有的人吸了一辈子烟却没有得肺癌，有人又说吸烟与患上肺癌没有任何因果联系。现代医学研究表明，严重吸烟确实能导致人的肺部病变，以致患上肺癌。特别是通过吸烟组和不吸烟组的分组实验，证明吸烟组的人中得癌症的概率，远高于不吸烟组的人得癌症的概率。这说明，吸烟与致癌确有某种因果关系。这一观点已经为科学界和卫生界所公认。1998 年，世界卫生组织已将烟草依赖作为一种慢性病列入国际疾病分类，并确认烟草是目前人类健康的最大威胁。2003 年，世界卫生组织又通过了具有法律约束力的《烟草控制框架公约》，目前全球已经有一百二十多个国家签署这一公约。根据这个公约的要求，现在即使是生产香烟的厂家，也必须在烟盒上写上醒目的"吸烟有害健康"的警告语。

在现代科学中，量子力学、信息科学、分子生物学的研究对因果关系的一大贡献就是，在以往严格确定性的因果关系之外，发现了具有概率特点的统计性因果关系。在确定性因果关系中，原因引起结果是单值的，也就是单一必然的；在统计因果关系中，原因引起结果是多值的，也就是多种可能或然的，结果只是以一定的概率与原因相关联。统计性因果关系是普遍存在于自然界和人类社会生活中的。上面谈到的彩票中奖、吸烟致癌，都是统计性因果关系的表现。统计性因果关系的发现，是辩证唯物主义因果观的深化。著名哲学家罗素（Russell，1872—1970 年）就指出，因果关系的统计性表明"因果关系已经不是从前旧式哲学家的书里的因果关系了"[10]。

再回到买彩票的问题上，个别人买彩票中了大奖，买彩票是因，中大奖是果，这里面肯定具有因果关系，但更多的人却始终与中大奖无缘，损失了程度不等的钱，同样具有因果关系，买彩票是因，赔本赚吆喝是果。其实，早在彩票中奖率的设计时，多少人中大奖、多少人不中奖是事先就已经安排好了的，只不过中大奖的概率设计得极低极低，不中奖的概率设计得极高极高，这样才能实现各种彩票募集资金的目的。有的人看到极个别运气好的人买彩票中了大奖，也去买彩票，如果只是为了碰碰运气，赔了钱也就算是为公益事业作了贡献，抱着这样的心态，弄点零花钱去试试倒也无妨；如果真的是为了通过买彩票一夜暴富，而且不惜血本，那么这种人就要当心了，因此而倾家荡产的可是大有人在！

探寻事物之间的因果关系，是人与生俱来的求知欲望，也是人类认识世界、改造世界的必经途径。

人生在世，不论做任何工作、从事任何活动，不仅要"知其然"，更要"知其所以然"。博学多才的德谟克利特有一句名言："宁可找到一个因果的解释，不愿获得一个波斯王位。"这充分体现了一个人追求真理的强烈渴望。认识原因与结果的辩证关系，把握因果关系丰富多彩的形式，无疑会有助于人们在认识和实践活动中取得成功。

认识事物的因果关系，要掌握正确的方法，对各种原因应当进行客观的分析，不能靠主观臆测来确定；同时，也要进行全面的分析，既不能只抓住次要原因而忽视主要原因，也不能停留在表面原因上而忽视了本质的原因，更不能只强调客观原因而忽视主观原因。就结果来说，有积极结果和消极结果，有的结果立刻表现出来，有的结果则需要长期积累后才能表现出来，如此等等。要特别关注那些具有全局的长远意义的结果，绝不能只顾局部、不顾全局，只顾眼前、不顾长远。美索不达米亚、希腊、小亚细亚以及其他各地的居民，为了想得到耕地，把森林都砍完了，但是他们做梦也想不到，这些地方后来竟因此成为荒芜的不毛之地，因为他们使这些地方失去了森林，也失去了积聚和储存水分的中心，恩格斯以此告诫人们不要过分陶醉于人类对自然界的胜利，对于这样的每一次胜利，自然界都会对我们进行报复的。因果联系的多样性和复杂性要求我们必须坚持唯物辩证法活的灵魂，对于具体问题进行具体分析。

四、通过偶然性把握必然性
——"杂交水稻之父"袁隆平的成功

提起袁隆平（1930 年—　）的名字，虽然不能说无人不晓，但确实是好评如潮。外国人称他为"杂交水稻之父"，中国人称他为"现代的神农氏"。20世纪80年代报纸上曾引述农民的话说："我们吃饱饭，靠的是两'平'，邓小平和袁隆平。"在解决中国人吃饭的问题上，把一个科学家与中国改革开放的总设计师邓小平相提并论，由此可见袁隆平的卓越贡献。

袁隆平为什么能够获此殊荣？袁隆平是世界著名的杂交水稻专家，是我国杂交水稻研究领域的开创者和带头人，为我国粮食生产和农业科学的发展作出了杰出贡献。他的主要成就表现在杂交水稻的研究、应用与推广方面。袁隆平1973年研究成功杂交水稻，在全国农业科技工作者的共同努力下，从1976年杂交水稻研究成功推广至今，中国累计种植60多亿亩，增产稻谷6亿多吨，全世界播种面积共计1.5亿公顷，每年增产的稻谷可以多供养7000万人口，其显著的社会和经济效益为国内外所公认。1981年，他获得新中国成立以来第一个国家特等发明奖。1999年，我国发射的一颗小行星被命名为"袁隆平星"。2001年，他获首届国家最高科学技术奖。1991年，他受聘担任联合国粮农组织国际首席顾问。2006年，他当选为美国科学院外籍院士。他还先后获得联合国"科学奖""沃尔夫奖""世界粮食奖"等11项国际大奖。国际水稻研究所所长、印度前农业部部长斯瓦米纳森博士高度评价说："我们把袁隆平先生称为'杂交水稻之父'，因为他的成就不仅是中国的骄傲，也是世界的骄傲，他的成就给人类带来了福音。"

袁隆平为什么能够取得杂交水稻研究的成功？他在一篇名为《"偶然"非偶然》的短文中做了回答："必然性与偶然性是唯物辩证法中的一对范畴。必然性寓于偶然性之中，通过偶然性表现出来；偶然性是必然性的表现形式，'偶然'非偶然。科学家的任务，就是透过偶然性的表面现象，找出隐藏在其背后的必然性。很多科学发现正是通过偶然所触发的灵感而完成的。"这段话是袁隆平从杂交水稻研究成功中得出的切身感受，它深刻表明人类要取得认识和改造世界的成功，就必须把握好必然性与偶然性的辩证关系。

必然性和偶然性是反映事物发展过程中确定联系和非确定联系相互关系的一对范畴。

——必然性联系是事物发展过程中不可避免的、一定如此的趋向。它之所以是确定不移的，是由事物内部的根本矛盾决定的。人体内部的新陈代谢决定了人终有一死，这是客观的、必然的，谁也改变不了。

——偶然性联系是指事物发展过程中的不确定的因素和联系，在事物发展过程中，它可能出现、也可能不出现，可能此时出现、也可能彼时出现，可能这样出现、也可能那样出现。偶然性联系之所以是非确定的，是由于它是由事物的外部条件即一事物同其他事物的关系引起的，而条件本身则是不确定的。

必然性和偶然性是事物发展过程中不可分割的两个方面，它们是辩证统一的关系。

必然性和偶然性互以对方为自己存在的前提。必然性总是通过大量的偶然性表现出来，并为自己开辟道路。偶然性背后总是隐藏着必然性，它是必然性的表现形式和补充。既没有脱离偶然性的赤裸裸的必然性，也没有脱离必然性的纯粹的偶然性。必然性亦即事物的规律性，规律的实现需要具备种种必要的客观的和主观的条件，其中就包含着多种偶然性成分。如果必要条件不具备，必然性的实现就不具有可能性。

以科学发现为例。很多科学发现正是通过偶然所触发的灵感而完成的，例如，阿基米德（Archimedes，约前287—前212年）在洗澡时发现了测定王冠含金量的方法，从而发明了流体静力学；牛顿通过苹果落地发现了万有引力定律；代数学中的四元素是英国数学家哈密顿（Hamilton，1805—1865年）在和妻子散步时发现的；德国化学家凯库勒（Kekule，1829—1896年）在椅子上小憩时发现了苯环结构；英国的细菌学家佛莱明（Fleming，1881—1955年）在培养金黄色葡萄球菌时不慎污染了点青霉菌，而青霉菌抑制了金黄色葡萄球菌的生长，佛莱明对这种青霉菌进行深入研究，最终导致了青霉素及其他一系列抗菌素的发现。这种善于抓住偶然的机遇作出成功的科学发现的佳话，在科学史上不胜枚举。

任何偶然的科学发现背后都有必然因素在起作用。

需要指出的是，这些偶然发现并不是凭空产生的，善于抓住偶然性同碰大运完全是两回事：一是研究者对需要解决的问题具有丰富而专门的知识储备；二是研究者必须有一个对问题寻求解答的反复思考和艰苦探索的过程；三是研究者要对多种科学方法、思维方法十分娴熟以至于可以无意识地进行选择和运用。袁隆平以自己成功培育杂交水稻为例，深刻说明了这种"偶然"非偶然的道理。袁隆平这样讲述了他发现和培育杂交水稻的过程：

"1960 年，一次偶然的机会，我在试验田中发现了一株'鹤立鸡群'的水稻，它不仅穗大粒多，而且籽粒饱满。我如获至宝，将种子收集起来，第二年种下进行试验，满心希望这个品种能成'龙'，结果却大失所望，性状竟发生了分离，高的高、矮的矮，生长期也有长有短，没有一株超过前一代。但就在失望和疑惑之余，我产生了顿悟：根据遗传学常识，纯种水稻的第二代是不会出现分离现象的，只有杂种才会。这样看来，原先发现的那株优良水稻，可以断定是天然杂交水稻的第一代。这一发现，使我对'水稻是自花授粉作物，没有杂交优势'这个当时育种界的流行观点产生了动摇，进而提出了'要利用水稻的杂种优势，首推利用水稻的雄性不孕性'的设想，并设计出整套培育杂交水稻的方案，即培育出不育系、保持系和恢复系，然后通过'三系'配套，完成不育系繁殖、杂交制种和大田生产应用这样的一套杂交水稻生产程序。从此，我坚定地踏上了杂交水稻的研究道路，并最终取得了成功。"

对此，袁隆平是这样总结的："我成功的秘诀：知识、汗水、灵感、机遇。"他指出：有知识是很重要的；有了知识，又发奋努力，才会有灵感；再加上好的机遇，才有可能获得事业上的成功。他分析说："试想一下，如果我没有对水稻知识的储备，没有对水稻问题的研究和思考，我就不会'发现'那株'鹤立鸡群'的水稻，也不会产生什么顿悟。偶然与必然的辩证法说明：一方面，在科学研究过程中，切勿放过'思想火花'；另一方面，'幸运'只会惠顾有准备的人。"[12] 如果没有平常日积月累的知识，即使流再多的汗水，在科学上也出不了灵感；即使机遇再好，也可能视而不见。

谈到这里，我们只是谈了问题的一半。因为袁隆平这里说的还是科学发现中必然与偶然的辩证关系。往深里说，客观事物本身也是必然与偶然的辩证统一。科学发现的必然与偶然不过又是客观事物本身必然与偶然关系在人类实践中的体现。

事物的存在和发展都有其必然性。

例如，杂交水稻之所以优质高产，是因为物种杂交具有产生某种杂种优势的必然性。所谓杂种优势，是一个遗传学和育种学的术语，指的是杂交子代通过继承双亲的不同优势可能获得更好的生物性能的现象，如在生长活力、育性和种子产量等方面优于双亲的平均值。大量事实表明，不同品系、不同品种甚至不同种属间的生物进行杂交会造成杂种产生某些优势的必然性。我国早在先秦时代，就已经知道公马配母驴所生的骡子具有明显优势。现在搞的杂交水稻，就是利用遗传关系较远的纯合亲本杂交得到的杂种一代种子的杂种优势，来获得优质高产的水稻。如果物种杂交根本就没有产生优势的必然性，那么即使袁隆平再刻苦努力，他的水稻杂交试验也只能归之于失败。这正如同有人想发明永动机一样，由于违背了事物的必然性和客观规律，只能落得个水中捞月一场空。

事物的存在和发展又都有其偶然性。

袁隆平之所以偶然地发现了那株"鹤立鸡群"的水稻，那是因为水稻是自花授粉作物，产生天然杂交水稻具有很大的偶然性。袁隆平能够发现那颗天然杂交水稻就纯属偶然了。而更加偶然的是，水稻是自花授粉植物，好比一出生就是夫妻成双。想让它出现杂交，就要找到天生的水稻"寡妇"，这就是雄性不育系水稻，让这种"水稻寡妇"找到特定的"丈夫"进行杂交，才能产生杂交优势。而水稻作为自花授粉植物出现雄性不育系的"水稻寡妇"，又取决于水稻出现的偶然性的基因突变。现在已经知道在自然状态下单个基因的突变率在 10^{-4}—10^{-9} 之间。因此，单个基因的突变是一种非常罕见的事件，它在什么时间突变，在什么条件下突变，都是偶然的。如果没有这种偶然的基因突变，就不会产生"水稻寡妇"，袁隆平要进行水稻杂交试验，就成了"巧妇难为无米之炊"，也绝没有成功的可能。当然，承认偶然性在生物进化中的这种重要作用，并不一定导致对必然性作用的否定，因为基因突变有确定的频率，这恰恰说明，偶然性的突变同时也受到统计必然性的支配。

必然性和偶然性在一定条件下互相转化。

例如，在生物进化过程中，生物个体由于变异出现某些偶然的、不稳定的性状，当这些性状同改变了的外部环境相适应，并通过遗传不断地固定下来，最后使有机体发生根本变异，成为新物种的固有性状时，偶然性就转化为必然性了。就袁隆平的杂交水稻来讲，偶然出现的"水稻寡妇"（雄性不育系水稻），与其他稻子（保持系）发生偶然的天然杂交，产生了"鹤立鸡群"的优质高产杂交水稻（恢复系）。

这一系列偶然事件经过袁隆平的精心培育，把它们分别培育成不育系（"水稻寡妇"）、保持系（与不育系进行异花授粉的稻子）以及杂交水稻（恢复系），这样"三系"配套，生产优质高产的杂交水稻就成为必然性。与此相反，必然性转变为偶然性的现象也是存在的。在新物种形成后，原有物种的某些特征，在过了很长时间以后还可能在某些个体上偶尔出现，但这是生物进化中的返祖现象，已是不稳定的形状，从必然性转变为偶然性了。必然性和偶然性的相互转化还有另外的情形，由于事物范围的广大和发展的无限性，在一定范围或一定过程为必然性的东西，到了另一范围或另一过程则变为偶然性，反之亦然。

其实，不论是人类的实践还是物质世界本身，都是一系列必然性与偶然性辩证统一的发展过程。把握必然性与偶然性的统一，是人类有效认识世界、改造世界的锐利思想工具。

把握必然性和偶然性的辩证统一关系，要反对两种错误倾向。

——一种倾向是片面夸大必然性，否认偶然性。恩格斯曾举过一个生动的例子。他说：豌豆荚中有五粒豌豆而不是四粒或六粒；今天清晨 4 点钟一只跳蚤咬了我一口，而不是 3 点钟或 5 点钟，而且是咬在右肩上，而不是左腿上。这种把偶然性的事情说成是纯粹的必然性，是一种机械决定论、宿命论的观点。[13] 这无异于把必然性降低为偶然性。

——另一种倾向是片面夸大偶然性，否认必然性。这是唯心主义非决定论的观点。按照这种非决定论的观点，一切事物的存在与发展都是一片混沌无序，客观世界和人类实践没有任何必然性和规律性可言，那么人类认识世界和改造世界的实践还有什么意义可言！这种否定必然性的观点在社会历史领域表现得尤为突出。

这两种观点的错误都在于形而上学地割裂了必然性和偶然性的关系，片面夸大一方面，否认另一方面。

把握必然性和偶然性的辩证统一关系，具有重要的意义。

——**善于通过偶然性，去掌握必然性，揭示事物发展的规律。**既然必然性是事物发展过程中确定不移的趋势，而必然性又是通过偶然性表现出来的，就要善于通过偶然性把握事物特别是历史发展的必然规律，不要被历史上五光十色的偶然现象所迷惑而怀疑历史发展的必然性。同时，也应当尽可能利用有利的偶然因素，努力克服不利的偶然因素带来的影响。

——**运用必然性和偶然性的辩证统一关系的原理于实践，重要的是善于把握机遇促进事物的发展。**机遇作为偶然性具有不确定性和非长驻性的特点。但是机遇背后隐藏着必然性，所以机遇的出现并非神秘莫测、不可把握，而是有规律可循、有原因可查的，机遇的出现体现了偶然性和必然性的统一。把握机遇不仅有助于改变事物发展的速度，而且在一定条件下能够改变事物发展的方向和趋势，使潜在的可能性变成现实。在现实实践中，善于认识和把握机遇具有重要意义。在人类历史上出现的一些重大的历史机遇，往往改变了一个民族和一个国家的命运。列宁领导俄国布尔什维克党，抓住了俄国社会主义革命的重大机遇，发动了十月革命，建立了人类历史上第一个社会主义国家。苏东剧变，列宁缔造的第一个社会主义国家虽然暂时失败，但却开创了人类历史的社会主义新纪元。毛泽东领导中国共产党，把握了中国革命的历史机遇，引导中国革命取得胜利，缔造了社会主义新中国。邓小平敏锐地认识到了时代主题的转换、世情国情党情的变化，牢牢掌握中国社会主义改革开放的新机遇，开创了中国特色社会主义新局面。今天，我们必须十分注意把握住并充分利用好我国经济社会发展的战略机遇期，全面深化改革，推动经济社会的和谐发展和全面进步。

五、可能在一定条件下可以转化为现实
——"中国梦"与"中国向何处去"

2012 年 11 月 29 日，新当选的十八届中央政治局常委

在习近平总书记率领下参观了国家博物馆《复兴之路》基本
陈列。

在参观过程中，习近平指出：《复兴之路》这个展览，
回顾了中华民族的昨天，展示了中华民族的今天，宣示了中
华民族的明天，给人以深刻教育和启示。中华民族的昨天，
可以说是"雄关漫道真如铁"。近代以后，中华民族遭受的
苦难之重、付出的牺牲之大，在世界历史上都是罕见的。但
是，中国人民从不屈服，不断奋起抗争，终于掌握了自己的
命运，开始了建设自己国家的伟大进程，充分展示了以爱国
主义为核心的伟大民族精神。中华民族的今天，正可谓"人
间正道是沧桑"。改革开放以来，我们总结历史经验，不断
艰辛探索，终于找到了实现中华民族伟大复兴的正确道路，
取得了举世瞩目的成果。这条道路就是中国特色社会主义。
中华民族的明天，可以说是"长风破浪会有时"。经过鸦片
战争以来 170 多年的持续奋斗，中华民族伟大复兴展现出光
明的前景。现在，我们比历史上任何时期都更接近中华民族
伟大复兴的目标，比历史上任何时期都更有信心、有能力实
现这个目标。

习近平指出："现在，大家都在讨论中国梦，我以为，
实现中华民族伟大复兴，就是中华民族近代以来最伟大的梦
想。这个梦想，凝聚了几代中国人的夙愿，体现了中华民族

和中国人民的整体利益，是每一个中华儿女的共同期盼。"
历史告诉我们，每个人的前途命运都与国家和民族的前途命
运紧密相连。国家好，民族好，大家才会好。实现中华民族
伟大复兴是一项光荣而艰巨的事业，需要一代又一代中国人
共同为之努力。空谈误国，实干兴邦。我们这一代共产党人
一定要承前启后、继往开来，把我们的党建设好，团结全体
中华儿女把我们国家建设好，把我们民族发展好，继续朝着
中华民族伟大复兴的目标奋勇前进。

习近平最后强调："我坚信，到中国共产党成立 100 年
时全面建成小康社会的目标一定能实现，到新中国成立 100
年时建成富强民主文明和谐的社会主义现代化国家的目标一
定能实现，中华民族伟大复兴的梦想一定能实现。"[14]

"雄关漫道真如铁""人间正道是沧桑""长风破浪会有
时"，习近平总书记引用这三句诗，概括了中华民族百余年
沧桑巨变的昨天、今天和明天的历史图景，展现了几代人为
实现"中国梦"而奋斗的艰辛历程。

一个多世纪以来，"中国梦"是中华民族几代人执著坚
持、不懈追求的，是实现中华民族伟大复兴的宏大理想和
现实目标。选择什么样的目标、选择什么样的实现道路是
圆"中国梦"的关键。为实现"中国梦"，为图强中华民族，
中华民族的忠实儿女，不惧千辛万苦，不畏千难万险，苦苦

探索解救中国、振兴中华的正确道路。"中国向何处去"这一时代课题，既包含了对"中国梦"的描绘，又包含了实现"中国梦"的道路选择。

谈到"中国向何处去"，我们不能不想到毛泽东的《新民主主义论》。"中国向何处去"就是这篇名著开篇所提出的问题，也是这篇名著第一节醒目的标题。《新民主主义论》是毛泽东在抗日战争中的1940年所写的。1938年10月，广州、武汉相继为日军攻陷，抗日战争进入战略相持阶段。这时，国民党顽固派在日本侵略者的政治诱降下，采取了消极抗战、积极反共的政策，不断发动反共高潮，并在思想上大肆叫嚷"一个主义，一个政党，一个领袖"的谬论。在这种情况下，全国人民对中国革命的前途极为担心。于是，"中国向何处去"就成为当时最中心的问题。为了向全国人民表明中国共产党对中国前途的看法，1940年1月，毛泽东发表了《新民主主义论》。

其实，在此之前的1938年的5月，毛泽东就撰写了《论持久战》，对中国的抗日战争的前途进行了科学分析。当时国人对抗日前途的可能性有几种不同看法，有"亡国论""再战必亡论""速胜论"，毛泽东依据对中日双方的国情和世界形势的科学分析，中肯地指出："中国会亡吗？答复：不会亡，最后胜利是中国的。中国能够速胜吗？答复：

不能速胜，抗日战争是持久战。"[15]毛泽东对中国抗日战争各种可能性的分析，鞭辟入里，入木三分，一时洛阳纸贵，人们争相传颂。连蒋介石、白崇禧（1893—1966 年）、陈诚（1898—1965 年）这些国民党的最高军事将领也不得不真心折服，认真研读。

《论持久战》主要论述的还是中国抗日战争的前途，而《新民主主义论》则针对国民党反动派的反共宣传，从理论上科学回答了中国向何处去的问题。阐述了中国共产党对中国革命和建设一个新中国的全部见解。文章运用马克思列宁主义关于殖民地半殖民地革命的理论，根据中国历史的特点和中国革命的经验，科学地分析了中国的社会性质和中国革命发展的基本规律，明确地回答了当时中国革命中提出的一系列基本问题。说明在第一次世界大战和列宁领导的俄国十月社会主义革命胜利以后，中国革命的领导权必然属于中国工人阶级；说明中国革命必须分为新民主主义革命和社会主义革命两个阶段，工人阶级领导下的新民主主义革命的前途必然是社会主义；说明在新民主主义革命时期，党必须采取既区别于资本主义又区别于社会主义的新民主主义的政治纲领、经济纲领和文化纲领，为建立一个新中国而奋斗。在文章结尾处，毛泽东纵情写道：

"新中国航船的桅顶已经冒出地平线了，我们应该拍掌欢迎它。"

"举起你的双手吧，新中国是我们的。" [16]

在《新民主主义论》发表九年之后，毛泽东的预言实现了，可能性转变为现实性，1949 年 10 月 1 日，中华人民共和国宣告成立，新中国巍然屹立在世界的东方。

"中国梦"与"中国向何处去"内在地蕴含着可能性与现实性这对范畴的辩证关系。

那么，什么是可能性？什么是现实性？又应当如何看待二者的辩证关系呢？

——可能性是指事物内部潜在的、预示事物发展前途的种种趋势，是潜在的尚未实现的东西。某种事物在它还没有成为现实之前，只是一种可能，而且并不是任何可能都会变为现实的。这是因为，在事物发展过程中，存在着种种不同的可能，在特定条件下，只有一种可能由于具备了充分的条件，才会转变为现实。而当这种可能性转变为现实后，其他的可能在同一时期内就丧失了转变为现实的可能，或者在一定时期内就难以再转变为现实。可能之所以成为可能，因为在现实中存在着某些实现的根据，没有任何根据可循的东西是不具有可能性的。

举个简单的例子。一块布因为它可剪裁、可缝制，可能用来做衣服，也可能用来做鞋子，还可能用来做窗帘，这是它的多种可能性。当一个人恰巧缺衣服，用了它做衣服，布可以做衣服的可能性就成为现实性，这时再用这块布做鞋子、做窗帘的可能性，就不复存在了。

——现实性是指相互联系着的实际存在的事物的综合，是实现了的可能性，是已经产生和存在的东西。现实之所以成为现实，是由其内部的必然性所决定的。一个事物，只要合乎发展的必然性，一当条件具备，迟早会变成现实。反之，现存的事物只要有其继续存在的必然性，迟早一定会变为非现实。黑格尔的一个著名命题"现实性在其展开过程中表明为必然性"，讲的就是这个道理。

——可能性和现实性之间是对立统一的关系，它们不仅互相区别、互相联结，而且在一定条件下互相转化。可能性存在于现实性之中，现实性是可能性的实现。可能性在一定条件下转化为现实，新的现实又包含向更高阶段推进的可能性。事物的发展过程，新事物代替旧事物的过程，正是可能性和现实性相互转化的过程。

可能性向现实性的转化是由事物的内部矛盾和外部条件决定的，是内在根据和外在条件的统一。

事物的内部矛盾决定了一事物转化为他事物的可能性；这种可能性实现出来，变为现实的东西，必须具备一定的条件。果树包含生长出果实的可能性，是由果树的内部结构决定的，但这种可能变为现实，则需要必要的外部条件，如适当的温度、水分与阳光，如果缺乏必要的外部条件，果树或是不开花，或是开花不结果。可见，没有一定的必要条件，可能性是不可能转化为现实性的。毛泽东在《新民主主义论》中讨论"中国向何处去"，分析的就是当时中国社会发展的各种可能性，特别是分析了"建立一个新中国"这种可能性转变为现实性所应具备的条件，从而提出了把这种可能性转变为现实性的历史任务。

把握可能性和现实性的关系，要特别注意对可能性进行具体分析。

——要区别可能性与不可能性。事物变化的可能性是由内在根据决定的。凡真正属于可能的事物，一定能够在现实中找到它出现的客观根据。不可能性指在现实中没有任何客观根据和必要条件，因而在任何时候、任何情况下都不能实现的事物。有根据就有可能，无根据就没有可能。正确区分可能性和不可能性非常重要。如果把毫无根据、没有办法实现的事情误认为是可能的，例如，让棍子长出果实，制造"永动机"，妄想长生不老，把当代社会拖回到茹毛饮血的原始社会等，硬要使这些不可能的事情成为现实，就会事与愿违、徒劳无益、四处碰壁。同样，如果把可能性误认为是不可能的，把尚未被认识的可能性和不可能性混为一谈，在认识和实践中也会贻误时机，产生消极后果。

——在可能性中，要区别现实的可能性和抽象的可能性。现实的可能性是指，在现实中具有充分根据，经过努力可以实现的可能性。抽象的可能性是指，在现实中缺乏充分根据，在一定时期内即使作出很大努力也不会实现的可能性。这两种可能性都有自己的根据，区别在于是否具备充分的根据和实现的条件。某些抽象的可能性的实现虽然还不具备条件，但随着实践的发展、认识的深化，经过种种努力，逐步具备了各种主观和客观条件，抽象可能性就会转化为现实可能性。遨游太空，登上火星，在历史上是一种抽象的可能性，但在航天技术高度发达的今天，已经在不断变为现实的可能性。

——对现实的可能性也要进行具体分析。现代科学和哲学对可能性问题的最重要的贡献，是提出了"可能性空间"和概率性的概念。现代科学如量子力学、控制论、信息论、系统论和分子生物学表明，事物的发展变化存在多种可能性，但各种可能性实现的程度却各不相同。把这种多种可能性的集合称为"可能性空间"，把各种可能性不同的实现程度称为概率性，这样对有些可能性就可以进行定量化的描述，把概率高的事件看成为大概率事件，把概率低的事件看成小概率事件，而概率为零的事件，就是不可能发生的事件，概率为 1 的事件，就是百分之百必定能实现的事件。

——**在现实的可能性中，要区别好的可能性和坏的可能性、有利的可能性和不利的可能性。**要积极争取好的、于人民有利的可能性转化为现实，努力防止坏的、于人民不利的可能性转化为现实。从历史发展的总趋势看，光明的、进步的一方终究会战胜黑暗的、腐朽的一方，但是，如果不清醒地估计到存在着两种可能性是会吃苦头的。任何时候、任何情况下，对坏的、不利的一面有足够的估计比没有足够的估计要好。应当准备应付最坏的可能性，以避免措手不及，导致不良的结果。毛泽东说过："向着最坏的一种可能性作准备是完全必要的，但这不是抛弃好的可能性，而正是为着争取好的可能性并使之变为现实性的一个条件。"[17]

在我们对可能性与现实性及其辩证关系进行了深入分析后，让我们再回到毛泽东对"中国向何处去"的讨论。毛泽东的精辟分析在九年后经过历史检验而得到了证明，这不能不让人们叹服毛泽东对中国社会发展的深刻洞见和高瞻远瞩。但这不又是与毛泽东对可能性与现实性的辩证关系的娴熟把握直接相关吗？！

毛泽东针对当时人们对"中国向何处去"的愁云疑雾，指出中国是一个半殖民地半封建的社会，遭受帝国主义的奴役和侵略，有着各种变化的可能性。由于国内外形势的变化，中国革命的性质也发生了变化。广大中国人民不甘心忍受压迫与奴役，展开革命推翻封建主义、帝国主义的统治。先前的资产阶级领导的反对帝国主义、封建主义的旧民主主义革命，已经转变为由无产阶级领导的，人民大众的，反对帝国主义、封建主义和官僚资本主义的新民主主义革命。并且由于俄国十月革命的成功，苏联已经成为有能力领导世界无产阶级革命的力量，因此，中国革命已经成为无产阶级世界革命的一部分。在这样的历史条件下，虽然中国还没有直接进行社会主义革命的可能性，但建立资产阶级专政的资本主义社会也没有了可能，因为帝国主义要把中国变为殖民地，决不允许它建立资本主义社会，社会主义的苏联和英、美、法、意、日等国的无产阶级反对资本主义的斗争，也不允许中国走上资本主义道路。因此，中国通过新民主主义革命，建设一个新民主主义的中国，就有了现实的可能性、最大的可能性，也是对中国人民最有利的可能性。

经过中国共产党人和中国人民艰苦卓绝的努力和浴血奋战，这种可能性终于在 1949 年转变成为现实性。中国人民迎来了一个新中国。

遭受到"文化大革命"的严重挫折，人们再次思考"中国向何处去"，这与毛泽东提出这个问题的时候相比，早已发生了巨变。新中国成立后，经过社会主义改造建立了社会主义制度，奠定了社会主义发展的思想、理论前提和物质、制度基础。在中国社会主义面临生死存亡的关键时刻，邓小平总结了国际共产主义和社会主义各国的经验教训以及我国社会主义的经验教训，分析了中国社会主义成功发展的有利的国际环境和国内条件，科学地、系统地回答了"什么是社会主义，怎样建设社会主义"的问题，开始了史无前例的社会主义改革开放，开辟了中国特色社会主义的新局面，指明了中国特色社会主义伟大事业发展的可能趋势。中国在三十多年中实现了迅猛崛起，经济快速发展，人民生活不断改善，综合国力显著增强，国际地位日益提高。当今中国已经成为仅次于美国的世界第二大经济体，中华民族实现伟大复兴的百年"中国梦"正在不断转变为现实。社会主义改革开放的可能性转变成中国特色社会主义伟大成功的现实。

应当看到，由可能性向现实性的转化，条件是格外重要且必要的。我们是条件论者，但不是唯条件论者。在尊重客观事实及其规律的基础上，人们完全可以通过自己的主观努力，发挥人所特有的主观能动性，去积极地改变某些不利条件为有利条件，并创造尚不具备又是实际需要的并有可能创造的新条件，促使对人们有利的可能性转化为现实，防止对人们不利的可能性转化为现实。

我们既不能因为种种不利条件而悲观失望，也不能坐失宝贵的有利条件的良机，或坐等有利条件自动到来，从而丧失大好的历史机遇，这些都不利于积极性、主动性和创造性的发挥，不利于事物的发展。

今天，我国在实现了三十多年的快速发展之后，既取得了举世瞩目的成就，同时又遇到了大量的矛盾与问题。中国发展面临的机遇前所未有，挑战也前所未有，但机遇大于挑战。我们既不能为巨大的挑战所吓倒，更不能因为堆积如山的困难而望洋兴叹。要看到在 21 世纪中叶，把中国建设成为一个富强民主文明和谐的社会主义现代化国家，仍然是中国发展最现实的可能性、最大概率的可能性、最有利于中国人民和中华民族的可能性。前途是光明的，道路是曲折的，看一看新中国的建立经过了多少艰难险阻、付出了多少流血牺牲，就会明白把这种可能性转变为现实性要付出多少艰辛努力。每一个热血青年，每一个有爱国心的人，每一个矢志献身中国特色社会主义事业的共产党员，都应当为把这一可能性变为现实性而英勇奋斗、辛勤工作。

在此，让我们仿效毛泽东在回答"中国向何处去"时的语式，充满信心地说：

一个富强民主文明和谐的社会主义现代化中国航船的桅顶，已经冒出地平线了，我们应该拍掌欢迎它。

举起你的双手吧，中国特色社会主义现代化强国一定是属于我们的。

中国特色社会主义现代化强国，就是百年"中国梦"。

结　语

本质与现象、内容与形式、原因与结果、必然性与偶然性、可能性与现实性等基本范畴，都以对立统一的形式，各自从不同的侧面揭示了普遍联系和发展，是唯物辩证法基本规律的补充。基本规律和基本范畴构成了唯物辩证法的科学体系。我们分析问题、认识问题、解决问题，不仅要善于运用唯物辩证法的基本规律，还要善于运用唯物辩证法的基本范畴，反对形式主义，透过现象看本质，善于认识原因与结果的辩证关系，通过偶然性把握必然性，在可能性中实现现实性……并运用到改造客观世界与主观世界的实践中，以增强工作的前瞻性、预见性、战略性和科学性。

注　释

1　参见《半月谈》2008 年 6 月上。

2 《马克思恩格斯全集》第 25 卷，人民出版社 1974 年版，第 923 页。

3 《列宁全集》第 55 卷，人民出版社 1990 年版，第 82 页。

4 《列宁专题文集　论辩证唯物主义和历史唯物主义》，人民出版社 2009 年版，第 133 页。

5 《列宁全集》第 55 卷，人民出版社 1990 年版，第 213 页。

6 《毛泽东选集》第一卷，人民出版社 1991 年版，第 99 页。

7 《自然辩证法研究参考资料丛刊：控制论哲学问题译文集》（第一辑），商务印书馆 1965 年版，第 77 页。

8 伽桑狄：《对笛卡儿〈沉思〉的诘难》，商务印书馆 1963 年版，第 34 页。

9 伊·普里戈金、伊·斯唐热：《从混沌到有序》，上海译文出版社 1987 年版，第 255—256 页。

10 罗素：《我的哲学的发展》，商务印书馆 1982 年版，第 180 页。

11 袁隆平：《"偶然"非偶然》，《求是》2002 年第 23 期。

12 袁隆平：《"偶然"非偶然》，《求是》2002 年第 23 期。

13 参见《马克思恩格斯全集》第 9 卷，人民出版社 2009 年版，第 479 页。

14 参见中共中央总书记、中央军委主席习近平参观《复兴之路》展览时的讲话，《人民日报》2012 年 11 月 30 日。

15 《毛泽东选集》第二卷，人民出版社 1991 年版，第 442 页。

16 《毛泽东选集》第二卷，人民出版社 1991 年版，第 709 页。

17 《毛泽东选集》第二卷，人民出版社 1991 年版，第 784 页。

附　录

《新大众哲学》总目录

学好哲学　终生受用

——总论篇

插上哲学的翅膀，飞向自由的王国

——哲学导论

一、为什么学哲学

二、哲学是什么

三、哲学的前世今生

四、哲学的左邻右舍

五、怎样学哲学用哲学

结　语

与时偕行的哲学

——马克思主义哲学

一、以科学赢得尊重

二、以立场获得力量

三、用实践实现革命

四、因创新引领时代

结　语

立足中国实际"说新话"

——马克思主义哲学中国化

反对主观唯心主义

——唯物论篇

人类思想史上的新历史观

——历史观篇

关于现实的人及其历史发展的科学

——历史观总论

一、民众是推动历史进步的主导力量

　　—— 一位历史学家的"质疑"

二、民心是天下兴亡的晴雨表

　　——民谣《你是一个坏东西》在国统区的流行说明了什么

三、民主是打破历史周期率的利器

　　——黄炎培对毛泽东的耿耿诤言

四、民生是高于一切的人民的根本利益

　　——从民谣《老天爷》到"必须给人民以看得见的物质福利"

结　语

人的精神家园

——价值论篇

深刻洞悉价值世界的奥秘

　　——价值论总论

一、究竟什么是价值

　　——伊索寓言中"好坏"是什么意思

二、价值世界是丰富多彩的

　　——说不尽的《红楼梦》的价值

三、个人价值与社会价值的统一

　　——大学生张华救掏粪老农值不值

四、具体的价值"因人而异"

　　——千面观音，随缘自化

292

荡起幸福人生的双桨

——人生观篇

新大众哲学

后记

2010 年 7 月 4 日，中国社会科学院院长王伟光教授（时任常务副院长）主持召开了《新大众哲学》编写工作第一次会议，传达了中共中央宣传部关于编写《新大众哲学》课题立项的决定，正式启动了这一重大科研任务。在启动会议上，成立了依托中国辩证唯物主义研究会、以中国社会科学院与中共中央党校的专家学者为主的编写组，由王伟光教授任主编，李景源、庞元正、李晓兵、孙伟平、毛卫平、冯鹏志、郝永平、杨信礼、辛鸣、周业兵、王磊、陈界亭、曾祥富等为编写组成员。

从 2010 年 7 月初到 8 月底，编写组成员认真走访了资深专家学者。对京内专家，采取登门拜访的形式；对京外学者，则采取函询的方式。韩树英、邢贲思、杨春贵、汝信、赵凤岐、黄楠森、袁贵仁、陶德麟、侯树栋、许志功、陈先达、陈晏

298

清、张绪文、宋惠昌、沈冲、卢俊忠、卢国英、王丹一、赵光武、赵家祥等充分肯定了编写《新大众哲学》的重要意义，提出了有价值的建议（其中一部分书面建议已经安排在《马克思主义哲学论丛》上分期刊发了）。编写组专门召开会议，对各位专家提出的意见和建议进行了充分讨论，认真吸取各位专家的建言。

编写组认真提炼和归纳了马克思主义哲学关注并需要回答的 300 个当代重大理论与现实问题。从 2010 年 7 月 31 日到 11 月底，编写组对这些问题进行了反复研讨和精心梳理。经过充分讨论，编写组把《新大众哲学》归纳为总论、唯物论、辩证法、认识论、历史观、价值论和人生观七个分篇，拟定了研究写作提纲，制订了统一规范的写作体例。

《新大众哲学》编写组成员领到写作任务后，自主安排学习、研究与写作。全组隔周安排一次研讨会，对提交的文稿逐一进行研究讨论。在王伟光教授的带动下，这种日常性的集中讨论在三年多的时间里一直得到了严格坚持，从 2010 年 7 月启动到 2013 年 10 月已持续了 80 次，每次都形成了会议纪要。写出初稿后，还安排了 3 次集中讨论，每次集中 3 天时间。这些内容都体现在《新大众哲学》的副产品《梅花香自苦寒来——新大众哲学编写资料集》中。

主编王伟光教授在公务相当繁忙的情况下，一直亲自主持双周讨论会，即使国外出访或国内出差也想办法补上。他在白天事务缠身的情况下，经常在夜间加班，或从晚上工作到凌晨2点，或从清晨4点开始工作。他亲自针对问题拟定了写作提纲，审改了每份初稿，甚至对相当多的稿件重新写作，保证了书稿的质量与风格。可以说，在编写《新大众哲学》的过程中，他投入了最多的精力，奉献了最多的智慧。

经过三年多的努力，大部分稿件已基本成稿。为统一写作风格并达到目标要求，王伟光教授主持了五次集中修订书稿。每一次修改文稿，每稿至少改三遍，多则十遍。第一次带领孙伟平和辛鸣，于2013年5月对所有书稿进行统稿，相当多的书稿几乎改写或重写。在这个基础上，他于同年7—10月重新修订全部书稿，改写、重写了相当多的书稿，做了第二次集中修订。2013年11月，王伟光教授将全部书稿打印成册，送请国内若干资深专家学者再次征求意见。韩树英、邢贲思、杨春贵、赵凤岐、陶德麟、侯树栋、许志功、陈先达、陈晏清、张绪文、宋惠昌、赵家祥、郭湛、丰子义等认真阅读了书稿，提出了中肯的修改意见。在这期间，王伟光教授对书稿进行了第三次集中审阅、改写和重写。2013年12月上旬，其对书稿进行了第四次集中审阅和改写。2014年1月5日，根据专家意见，编写组成员进行了一次，即第81次集中讨论。2014年1—3月分别作了初步修改。在此基础上，王伟光教授于 2014 年 3—6 月进行了第五次集中修改定稿，对每部书稿做了多遍修改，甚至重写。孙伟平也同时阅改了全书，辛鸣、冯鹏志阅改了部分书稿。于 2014 年 6 月 8 日，书稿交由人民出版社和中国社会科学出版社出版。同年 7 月，王伟光教授和孙伟平同志根据编辑建议修订了全部书稿，8 月审改了书稿清样。

在《新大众哲学》即将面世之际，往事历历在目。在这四年左右的时间里，编写组成员牺牲了节假日和平常休息时间，花费了大量的精力和心血。出于对马克思主义哲学的忠诚、信念和追求，老中青学者达成了共识，并紧密凝聚在一起，不辞劳苦，甘于奉献。资深专家的精心指导和严格把关，是《新大众哲学》提升质量的重要条件。《新大众哲学》在写作过程中，参考了《大众哲学》《马克思主义哲学纲要》《通俗哲学》等著述。黑龙江佳木斯市市委书记王兆力、北京观音阁文物有限公司董事长魏金亭、大有数字资源公司董事长张长江、北京国开园中医药技术开发服务中心董事长高武等，提供了便利的会议场地和基本的物质条件，这是《新大众哲学》如期完成的可靠保障。人民出版社和中国社会科学出版社对此书出版高度重视，编辑人员展现了一流的编辑水平和敬业精神。我们一并表示诚挚的感谢！

新事物终究战胜旧事物

一、坚持辩证的否定观

　　——胚对胚乳的否定、麦株对麦种的否定

二、否定之否定规律是客观的、普遍的

　　——毛泽东妙论飞机起飞、飞行和降落

三、新生事物是不可战胜的

　　——纵观一个半世纪以来的世界历史进程

四、要研究否定之否定的特殊性和多样性

　　——防止千篇一律与"一刀切"

用系统的观点看世界

一、用整体观认识问题

　　——整体不等于部分的总和

二、以结构观点观察系统

三、从层次性出发分析事物

　　——山外有山，天外有天

四、凭开放的眼光看世界

　　——开放导致有序，封闭导致无序

认识世界的目的在于改造世界